법의 눈으로 안중근 재판 다시 보기

법의 눈으로 안중근 재판 다시 보기

안중근 의사가 테러리스트가 아닌 이유

명순구 지음
오은혜 그림

고려대학교출판부
KOREA UNIVERSITY PRESS

발간사

사람 생활의 하루하루가 크든 작든 역사와 무관한 날이 어디 있겠습니까? 그런데 2010년은 한국 역사에서 매우 특별한 의미로 다가옵니다. 올해는 1910년 8월 29일의 이른바 '경술국치庚戌國恥' 100주년이 되는 해이기 때문입니다. 일제는 한일합병조약에 따라 대한제국의 순종으로 하여금 양국讓國의 조칙을 내리도록 했습니다. 이로써 우리나라는 국권을 완전히 상실하고 일제의 식민통치를 받게 되었습니다. 또한 2010년은 안중근 의사 순국 100주년이 되는 해이기도 합니다. 일본 법원은 이토 히로부미를 사살한 안 의사에 대하여 일본 형법 제199조(살인)를 적용하여 사형을 선고하였고 1910년 3월 26일 사형을 집행하였습니다.

이렇게 뜻깊은 2010년을 맞이하여 '로두스' 제2권은 1909년 10월 26일에 있었던 안중근 사건을 다루었습니다. 로두스 시리즈는 사회적 · 실천적 의미를 가진 법적 이슈를 선정하여 시각은 전문가 수준을 유지하되 표현 방식과 문체는 매우 평이한 법학 에세이를 지향하고 있습니다. 그리하여 같은 주제에 대하여 법학 외의 학문을 하는 분들, 더 나아가서는 일반인들과 소통하고자 합니다. 특히 이 책은 만화를 이용하였다는 점에서 법학 주제의 문헌으로서는 다소 파격적인 형식을 채택했습니다. 가능하면 많은 분들과 소통하기를 바라는 마음의 표현입니다.

끝으로, 로두스 시리즈를 위하여 재정 지원을 해 주신 법무법인 '율촌'에 깊은 감사를 드립니다.

2010년 8월

고려대학교 법학연구원 비교법연구센터 소장

명순구 드림

머리말

우리나라에서 안중근 의사는 이순신 장군 같은 분들과 함께 영웅으로 추앙받는 분입니다. 그런데 일본에서 안 의사는 그들의 영웅을 죽인 테러리스트로 알려져 있습니다. 이러한 일본인들의 인식 태도에 대하여 한국인은 "일본으로서야 그렇게 보는 것이 당연하겠지…"라고 넘길 수밖에 없을까요? 아직까지 우리나라 많은 사람들이 그렇게 생각해 온 것 같습니다. 사정이 이러하다면 일본의 영웅은 한국의 악인이고, 반대로 한국의 영웅은 일본의 악인입니다. 그렇게 볼 수밖에 없을까요? 만약 그러하다면 한국과 일본의 역사에 대한 상호 화해는 영원히 불가능할지도 모릅니다. 왜냐하면 안중근과 이토 히로부미의 충돌은 개인 간의 분쟁이라기보다는 한국과 일본의 근대사가 극단적으로 부딪힌 사건이기 때문입니다. 현재 한국과 일본 사이의 역사적 갈등의 핵심은 일본의 대한제국 강제합병으로부터 비롯되는 것이고, 이토 히로부미 사살사건은 강제합병 작업이 거의 마무리되어 가던 시기에 그에 항거하여 일어난 사건입니다.

2009년 미국 월 가Wall Street에서 시작된 금융위기가 온 세계로 파급되어 모든 나라가 지금까지 경제적 어려움을 겪고 있습니다. 지구 온난화 문제는 또 어떻습니까? 우리는 지금 어느 한 나라의 불행이 단지 그 나라의 일로 끝나는 것이 아닌 세상에서 살고 있습니다. 우리는 모두 지구상의 온 인류가 같이 평화롭게 잘 살 수 있는 길을 고민해야 합니다. 이와 같은 시대 조류에서 한국과 일본도 예외가 될 수 없습니다. 이제 과거의 역사를 이성적 시각으로 정리하고 새로운 질서를 만들어 가기 위해 힘써야 합니다. 이와 같은 시각에서 이 책에서는 이토 히로부미 사살 사건을 객관적으로 평가해 보았습니다. 일본이 안중근 의사를 테러리스트로 보는 이유는 안중근 사건을 단순한 살인사건으로 보는 데에 있습니다. 그런데 법의 눈으로 바라보면 그 사건은 살인사건이 아니라 국제법상의 전쟁 행위로 볼 수 있는 가능성이 있습니다. 동일한 사건, 그것도 역사 갈등의 핵심 사건에 대하여 같은 평가를 내릴 수 있다면 이는 한국과 일본 사이의 진정한 화해의 실마리가 될 수 있을 것입니다. 안중근 사건을 달리 해석할 수 없는 것은 아니지만, 어떤 시각이 한 · 일 간의 발전적 미래에

도움이 될 것인가에 무게를 두는 시각을 견지하였습니다. 이 책의 안중근 사건에 대한 해석은 안중근과 대한민국에 크게 유리한 방향으로 흘렀지만, 이러한 결론은 민족주의적 입장을 고집한 결과가 아니라는 점을 밝힙니다.

이 책은 크게 세 부분으로 구성되어 있습니다. 제1부는 만화 형식을 빌려 매우 간략하고 쉽게 말하고자 하는 취지를 표현했습니다. 이는 중학생 정도의 수준에서도 이 책의 큰 줄거리를 이해할 수 있도록 하기 위함입니다. 제2부는 논설의 형식으로 자세하게 서술했습니다. 이는 안중근 사건에 대하여 좀더 자세한 법적 논증을 제안하기 위함입니다. 책의 말미에는 부록을 달아 제1부와 제2부에서 언급된 조약 · 협약 등의 내용을 소개함으로써 본문의 이해에 도움이 되도록 했습니다.

이 책을 통하여 우리나라의 많은 분들이 "일본은 안중근을 테러리스트로 볼 수밖에 없겠지…"라고 양해할 것만은 아니라는 생각을 가질 수 있기를 바랍니다. 특히 재판 과정에서 안중근 의사는 시종일관 자신을 국제법에 따라 재판할 것을 주장했습니다. 매우 법적인 시각에서 이루어진 이 주장은 그간 다소 감성적인 "안중근 영웅론"에 묻혀 있었던 것 같습니다.

이 책은 제자 오은혜 양과의 공동작업의 결과입니다. 오은혜 양은 고려대학교 법과대학을 졸업하고 현재 만화 공부를 하고 있는 다소 특이한 사람입니다. 현재보다는 미래의 발전을 기약해야 할 사람이다 보니 아마 그림에 미숙한 부분이 많을지도 모릅니다. 그러나 이 작품이 계기가 되어 앞으로 의식 있는 예술가로 성장할 수 있다면 현재의 미숙함은 결코 부끄러운 일이 아닐 것입니다. 이 점에 대하여 독자 여러분들의 따스한 양해를 구하고자 합니다.

2010년 8월
고려대학교 연구실에서
명순구 드림

차례

제1부

만화로 보기

안중근(1879-1910)은 1909년 10월 26일 중국 하얼빈(哈爾濱)역에서 이토 히로부미(伊藤博文, 1841-1909)를 사살했다.
1910년 2월 14일 뤼순에 있던 일본 법원은 일본 형법 제199조(살인죄)를 적용하여 그에게 사형을 선고하였다.
안중근이 상소를 포기함에 따라 1심 판결이 확정되었고,
재판의 결과가 뻔한데 상소하지 않겠소!
판결일로부터 약 한 달 후인 1910년 3월 26일 안중근에 대한 사형이 집행되었다.

한국인에게 있어서 안중근은 일제의 국권 침탈 행위에 맞서 한민족의 의기를 떨친 영웅으로 새겨져 있다.

아시아에서 제국주의적 세력 확장을 주도하던 이토 히로부미 저격 사건은 국제 정치적으로도 큰 반향을 불러일으켰다.

이와 달리 일본인들에게 안중근은 일본 근대화의 영웅을 암살한 테러리스트로 인식되고 있다.

동일한 사건에 대한 평가가 이렇게 극단적으로 다를 수 있는가? 그렇다면 역사의 객관성은 어떻게 확보할 수 있을까?

E.H.Carr(1892-1982) : 영국의 역사학자, 역사적 사실의 해석에 있어서 과거와 현재와 미래 사이에 맺어지는 관계의 객관성을 강조하였다.

한국은 안중근을 단지 테러리스트로 생각하는 일본의 태도를 "그들로서는 당연한 것이지!"라고 받아들일 수밖에 없는가?
안중근은 흉한!
우리한테는 영웅이지만 일본인이 그렇게 생각하는 건 어쩔 수 없지.
눈을 새롭게 뜨면 다른 세상이 보이는 법이다. 감정적 접근에서 벗어나 법의 눈으로 안중근 사건을 바라보면 좀더 객관적인 결론에 도달할 수 있다.
임진왜란 당시 조선의 장군 이순신(1545-1598)은 수많은 일본인들을 죽였지만,
그를 살인자 혹은 테러리스트라고 부르는 일본인은 없다.
넬슨은 어떨지 몰라도 이순신 장군에 비하면 나는 하사관에 불과하다!
도고 헤이하치로(東郷平八郎, 1848-1934) : 러일전쟁이 진행되던 1905년 러시아의 발틱함대를 격퇴한 일본의 해군 제독.

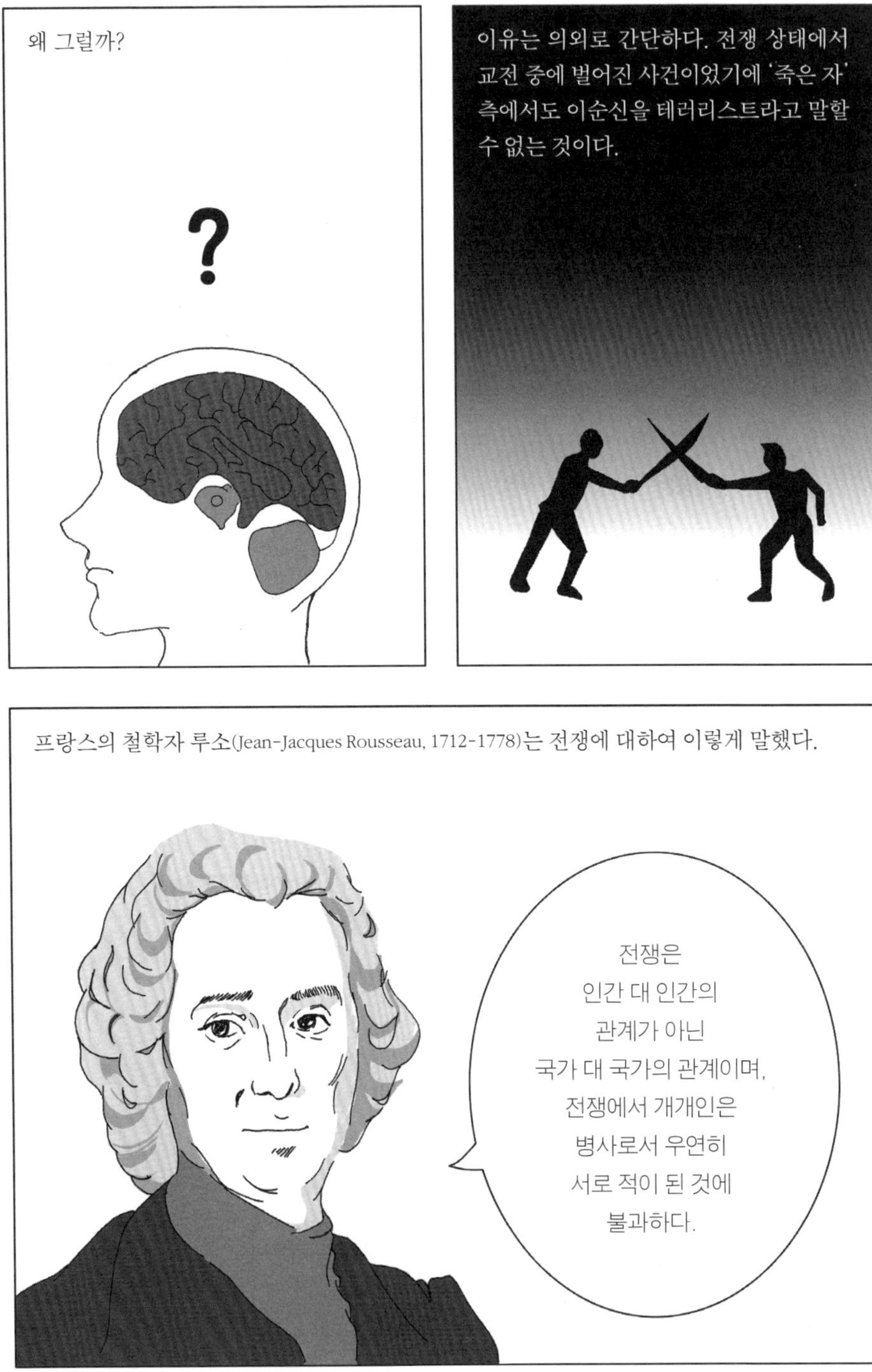
왜 그럴까?
?
이유는 의외로 간단하다. 전쟁 상태에서 교전 중에 벌어진 사건이었기에 '죽은 자' 측에서도 이순신을 테러리스트라고 말할 수 없는 것이다.
프랑스의 철학자 루소(Jean-Jacques Rousseau, 1712-1778)는 전쟁에 대하여 이렇게 말했다.
전쟁은 인간 대 인간의 관계가 아닌 국가 대 국가의 관계이며, 전쟁에서 개개인은 병사로서 우연히 서로 적이 된 것에 불과하다.

사람을 죽이는 행위는 원칙적으로 형법이 적용되어 살인죄로 처벌을 받지만,
제250조 [살인]
사람을 살해한 자는 사형, 무기 또는 5년 이상의 징역에 처한다
전쟁의 특수성으로 인해 교전 중에 군인들 사이에서 일어나는 살인에 대해서는 살인죄가 적용되지 않는다.
제20조 [정당행위]
법령에 의한 행위 또는 업무로 인한 행위 기타 사회상규에 위배되지 아니하는 행위는 벌하지 아니한다.
전쟁 중 군인들 간의 전투 행위에 대해서는 형법 대신 국제법(전쟁법)이 적용된다.
法
전쟁법이란 전쟁으로 인한 피해와 참상을 줄이기 위해 전쟁 수행 중 지켜야 할 사항을 정한 법규범이다.

전쟁법은, "독화살을 사용해서는 안 된다", "사절단을 살해해서는 안 된다" 등의 원시적인 형태로 시작하여

중세 전쟁을 거치면서 정착된 관행이 국제관습법으로 형성되다가,

《전쟁과 평화의 법》: 네덜란드의 법학자 그로티우스의 저술로서 당시까지의 전쟁에 관한 국제관습법을 체계적으로 정리한 책.

19세기 중반부터는 본격적인 성문화 과정에 이르게 된다.

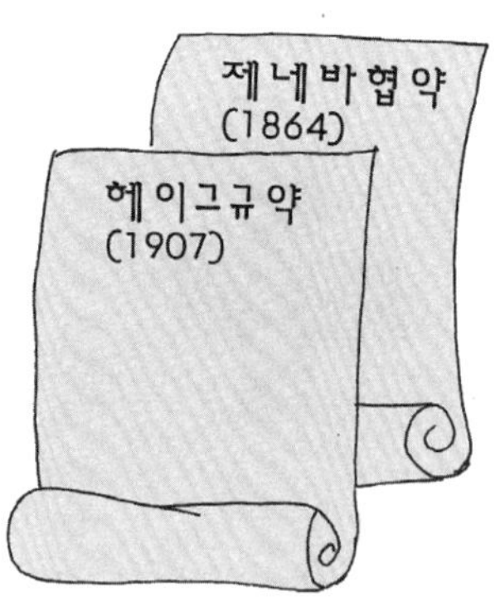

전쟁법의 두드러진 특징 중의 하나는 군인과 민간인을 구별한다는 점이다.

전쟁법에 따르면, 민간인은 전쟁 중이라도 공격의 대상이 될 수 없고 자신도 적을 공격할 수 없다.
이것은 형법상의 범죄행위다!
민간인

반면, 군인은 전쟁 상태에서는 공격을 당할 수 있고 적을 공격할 수도 있는데, 이를 '교전자격'이라고 한다.

전쟁 상태에서 교전자격자 사이의 공격은 형사처벌의 대상이 아니기 때문에 적군을 공격하다 체포된 군인은 범죄인이 아닌 포로로 대우받는다.

사건 직후 러시아 헌병에게 체포된 안중근은 자신의 신분을 '대한의군 참모중장 겸 특파독립대장'이라고 밝혔다.

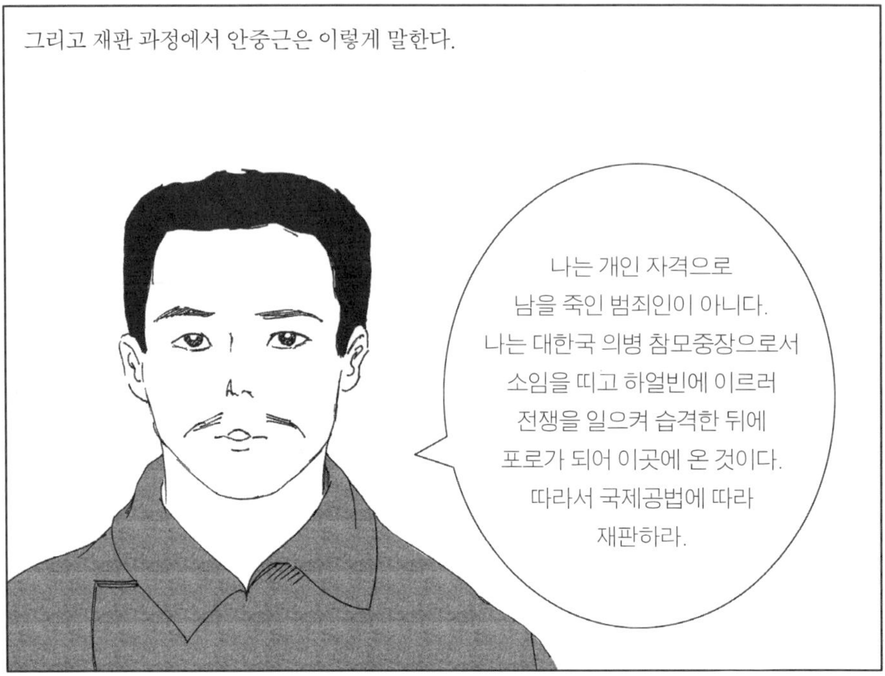
그리고 재판 과정에서 안중근은 이렇게 말한다.
나는 개인 자격으로 남을 죽인 범죄인이 아니다. 나는 대한국 의병 참모중장으로서 소임을 띠고 하얼빈에 이르러 전쟁을 일으켜 습격한 뒤에 포로가 되어 이곳에 온 것이다. 따라서 국제공법에 따라 재판하라.

그의 인식이 정당하다면 안중근에게 살인죄를 적용한 판결은 중요한 국제법 위반 사례이다.
국제사법재판소

법의 눈으로 볼 때 안중근 사건의 핵심 쟁점은 그의 행위에 적용될 법이 과연 형법인가 하는 것이다.

만약 안중근 사건의 발생 시점이 전쟁 상태였고,

두 사람이 모두 군인(즉 교전자격자)의 지위에 있었다면 안중근에게 형법을 적용하여 살인죄로 처벌할 수는 없기 때문이다.

안중근 사건 당시 국내외 곳곳에서는 의병과 일본군의 전투가 벌어지고 있었지만,
의병봉기지역
의병대장
하얼빈
러시아
청
홍범도
갑산
차도선
이강년
조선
인제
이소응
한성
춘천
13도 창의군 창설
서울진공작전 (1908)
유인석
여주
제천
신돌석
민긍호
홍성
민종식
태인
정용기
최익현
진주
영천
광주
기우만
나주
노응규
전해산

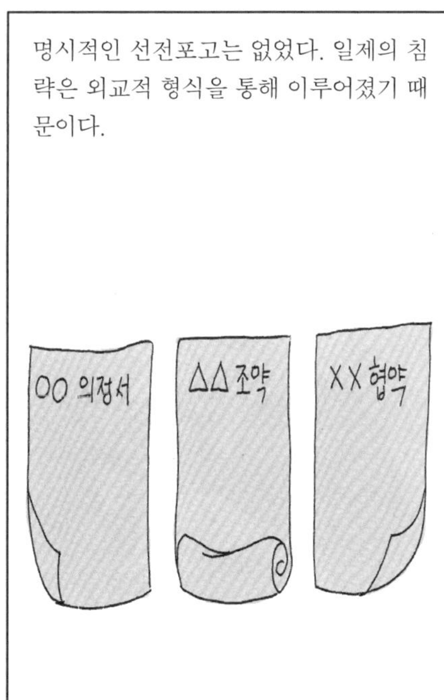
명시적인 선전포고는 없었다. 일제의 침략은 외교적 형식을 통해 이루어졌기 때문이다.
OO 의정서
△△ 조약
XX 협약

그러나 일제의 외교 전술은 불법적인 군사력을 앞세운 것으로 그 실질은 군사작전이 주된 것이었다.
을사조약
(1905)
조약에 서명하시오!

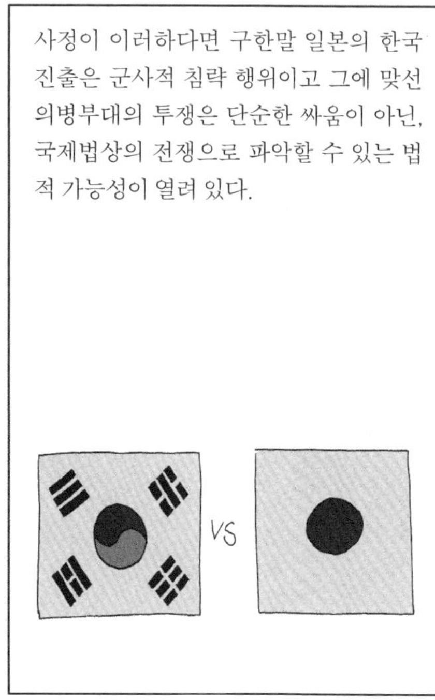
사정이 이러하다면 구한말 일본의 한국 진출은 군사적 침략 행위이고 그에 맞선 의병부대의 투쟁은 단순한 싸움이 아닌, 국제법상의 전쟁으로 파악할 수 있는 법적 가능성이 열려 있다.
VS

국제법은 정규전 외에도 다양한 형태의 전쟁 상황을 인정하고 있고,

정규군이 아니더라도 교전자격을 인정받을 수 있는 길을 열어 두고 있기 때문에 이에 대해 살펴볼 필요가 있다.

전쟁은, 전쟁의사에 의한 국제법의 주체(예 : 국가) 간의 무력투쟁이라는 점에서 사적인 싸움이나 내란과 구별된다.

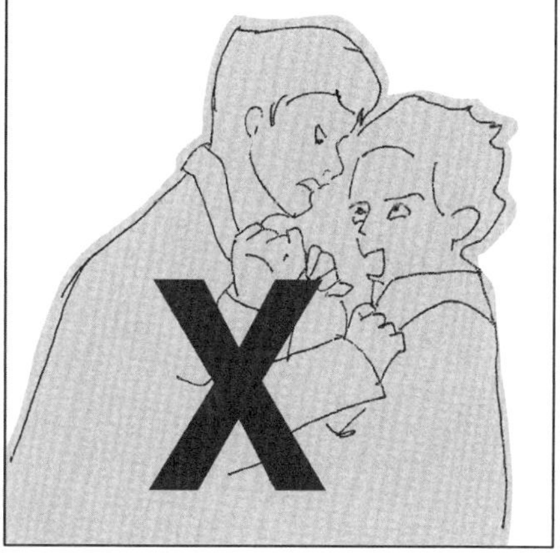

19세기부터 20세기 초 사이 일본의 침략에 맞선 한국의 무력투쟁에는 의병전쟁이 있다.

의병전쟁은 일제가 명성황후를 시해한 1894년에 발단되어 1910년 이후 식민지 시대에는 민족해방 전쟁을 수행하는 독립군의 형태로 발전하였다.

1895년 명성황후 시해–을미의병

1905년 을사보호조약–을사의병

1907년 고종 퇴위, 군대 해산–정미의병

1910년 한일병합조약 이후–

항일 무장 독립운동, 독립군 전쟁

의병전쟁의 물량적 공과에 대하여는 확실한 통계가 없다. 다만 일본 측 자료에 따르면 1906년부터 1911년까지 일본군의 사상자가 403명, 의병 사상자가 21,485명으로 되어 있다.

이 정도 규모의 인명 피해는 그 결과만으로 본다면 전쟁 상황으로 보기에 어려움이 없다.

그런데 국제법이 어떤 무력투쟁에 대하여 전쟁으로 인정하는 기준으로서 중요한 것은 피해 규모가 아니라 전쟁의사의 표시와 교전자격이다.

전쟁은 국가원수가 선전포고 등으로 전쟁의사를 표시하고 국가의 정규군에 의해 행해지는 것이 원칙이다.

그런데 안중근 사건 당시 한국은 이 원칙을 지킬 수 없었다. 1907년 일제에 의하여 국가원수(고종)는 강제 퇴위당하고 정규군은 강제 해산된 상태였기 때문이다.

이와 같은 배경에서 일제는 의병을 불법 폭도로 간주하여 살해하거나 형법을 적용하여 처벌했다.

일제는 의병과의 무력충돌을 전쟁으로 인정하지 않았기 대문에 일제의 재판 관련 서류에 의병들은 대부분 강도나 살인 등의 범죄자로 기록되어 있다.

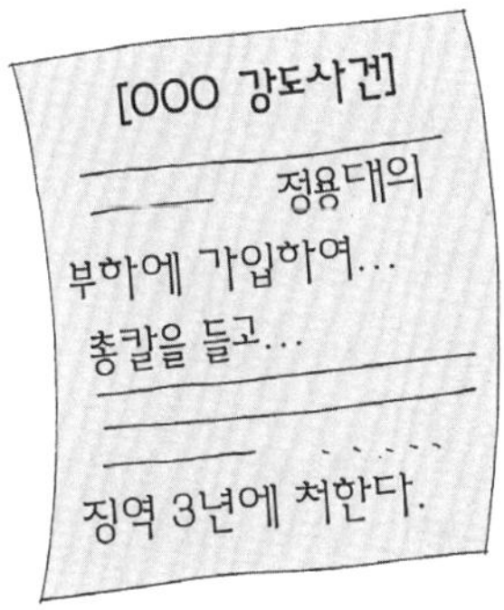

이로 인해 독립운동가들의 후손들이 조상의 실상을 모르고 범죄자로 오인하는 경우까지 있다.

만약 의병투쟁이 국제법상의 전쟁이라면 일제의 이와 같은 법 적용은 잘못된 것이며 법의 이름을 빌려 불법행위를 한 것이다.

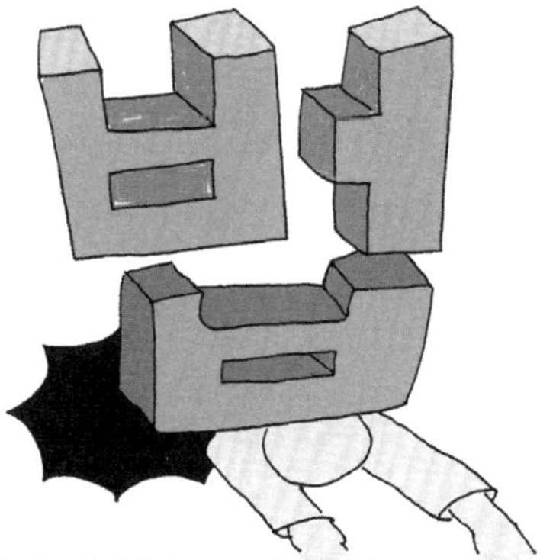

국제법상 전쟁의사는 꼭 명시적으로 표시될 필요는 없다. 침략 행위를 개시하기 전 선전포고를 하지 않으면 국제법 위반이지만 전쟁 자체가 부정되는 것은 아니다.

육전에 있어서의 중립에 관한 헤이그조약(1907)

정상적인 전쟁 개시 절차는 이유를 명시한 전쟁선언으로 해야 하며, 조건부 전쟁선언인 최후통첩으로도 할 수 있다.

1904년 명시적인 선전포고 없이 일본의 기습으로 시작된 러일전쟁 등이 그 좋은 예이다.

전쟁의사는 실질적으로 존재하면 충분한데, 구한말 의병들은 분명한 전쟁의사를 가지고 전쟁에 임했다.

대한제국 군인 출신으로 국내에서 활동하던 의병장 채응언(1879-1915)은 1915년 체포되자, 재판을 거부하고 감옥에서 자결을 시도한다.

재판 과정에서 안중근은 의병 항쟁이 실질적인 전쟁의사에 의한 국가적 차원의 항쟁이라는 근거에 대해 다음과 같이 말했다.

이렇게 싸운 의병들은 한국의 정규군은 아니었다. 그런데 1907년 제2차 만국평화회의에서 채택된 육전규칙(헤이그규약)은 정규군뿐만 아니라 비정규군도 일정한 요건하에 전쟁 수행의 주체가 될 수 있음을 규정하고 있다.

헤이그 육전규칙

민병과 의용병

1. 부하의 행동에 대하여 책임을 질 수 있는 자의 지휘 아래에 있을 것.
2. 멀리서도 식별 가능한 표지,
3. 공개적으로 무기를 휴대할 것.
4. 전쟁 법규에 따라 작전을 수행할 것.

군민병(群民兵)

1. 공개적으로 무기를 휴대할 것.
2. 전쟁 법규에 따라 작전을 수행할 것.

20세기 초는 근대적 전쟁법이 정비되는 시기여서 명문 조항이 부족해 그 해석과 적용에 어려움이 많았다.

그러나 의병들은 일제에 대항하여 무력을 행사함에 있어 각국의 영사관에 교전단체 승인을 요청하는 등 법적인 안목을 가지고 전투에 임했다.

그리고 의병은 엄격한 위계질서에 따른 정밀한 군 조직을 갖추고 있었는데, 이는 비정규군으로서 국제법상 교전자격을 인정받기에 충분했다.

13도 창의대 조직도

총대장 이인영
군사장 허위

- 관동 의병대장 민긍호(閔肯鎬)
- 호서 의병대장 이강년(李康秊)
- 교남(嶠南) 의병대장 박정빈(朴正斌)
- 경기 · 황해 · 진동 의병대장 권중희(權重熙)
- 관서 의병대장 방인관(方仁寬)
- 관북 의병대장 정봉준(鄭鳳俊)
- 호남 의병대장 문태수(文泰洙)

요컨대, 의병 투쟁은 국제법상의 전쟁이며, 안중근 사건은 의병전쟁의 일환으로 볼 수 있다.
탕
탕

그렇다면 이제 안중근과 이토 히로부미의 교전자격을 살펴볼 차례이다. 두 사람이 모두 교전자격자라면 안중근에 대한 형법 적용은 부당하기 때문이다.

이토 히로부미는 안중근 사건 4개월 전까지 한국에 대해 일본 정부를 대표하는 '통감'의 직책에 있었다.

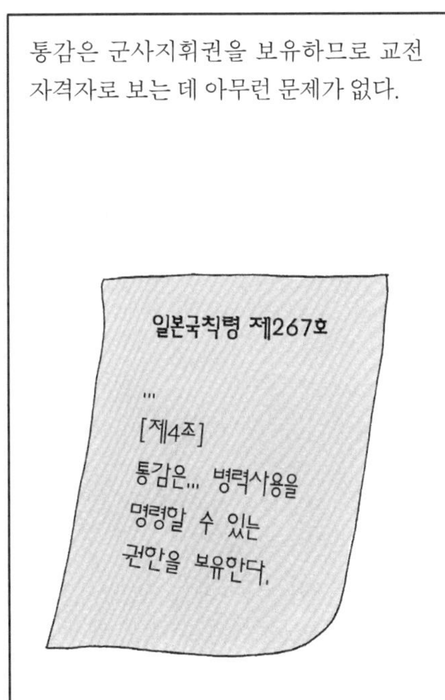
통감은 군사지휘권을 보유하므로 교전자격자로 보는 데 아무런 문제가 없다.
일본국칙령 제267호
...
[제4조]
통감은... 병력사용을
명령할 수 있는
권한을 보유한다.

안중근 사건 당시에는 '추밀원의장'으로서 천황으로부터 군사권을 포함, 포괄적 권한을 위임받아 활동하였다.
이토 공, 그대가 알아서 하시오
포괄적 권한
행정
군사
외교

특히 '추밀원 의장'은 적국의 정부기관으로서 교전자격이 인정된다.
추밀원

이토 히로부미가 하얼빈을 방문한 것은 러시아의 재무장관 코코프초프와 만나 한국 경영을 위시한 대륙 진출을 도모하기 위한 것이었다.

안중근 사건 당시 일본 언론이 그의 하얼빈 방문이 개인 여행 및 유람이라는 점을 강조한 이유도 이러한 침략 목적을 은폐하기 위한 것으로 보인다.
히로부미 유람 중 피격
개인여행
관광차

그렇지만 그의 하얼빈 방문은 정치적인 목적을 가진 것으로 분명 침략 행위의 일환이었다. 요컨대, 안중근 사건 당시 이토 히로부미는 교전자격자의 지위에 있었다.

한편 안중근은 연해주 거주 한인들이 주축이 되어 창설한 '대한의군'에 소속된 의병으로 활동하고 있었다.
러시아
연해주
중국
간도
한국
일본

대한의군의 총독은 강원도 의병장 출신의 김두성, 대장은 이범윤이었으며, 안중근의 직책은 참모중장이었다.

그는 러시아 얀치혜라는 곳에서 의병의 모집과 사격 훈련의 책임을 맡고 있었다.

1908년 6월부터 안중근은 300여 명의 병사들을 지휘하여 두만강을 넘나들며 일본군과 전투를 벌였다. 그 과정에서 그는 국제규범에 대한 인식을 가지고 전투에 임한다.
안중근은 전투 중 사로잡은 일본군 포로를 죽이지 않고 놓아준다.
전쟁법에,
사로잡은 적병을
죽이는 법은 없다.
어디에 가두어 두거나
훗날 배상을 받고
돌려보내 주는 것이다.
이와 같이 안중근은 자신이 전쟁을 하고 있다는 사실을 인식하고 있었을 뿐 아니라, 전쟁법규에 대한 법적 확신을 가지고 있었다.
전쟁법
안중근은 정규군은 아니지만 교전자격이 인정되는 비정규군에 해당하며, 당시 국제법상의 교전규칙에 따라 전쟁을 수행했다.
일본군과의 전쟁 중에
적군이 나를 쏘아 내가 죽는다 해도
그를 살인자라고 말할 수는 없지요.

정리하면, 안중근 사건은 전쟁 상태(의병 전쟁)에서 교전자격자(안중근)가 다른 교전자격자(이토 히로부미)를 사살한 사건으로 여기에 적용될 법은 국제법이어야 했다.

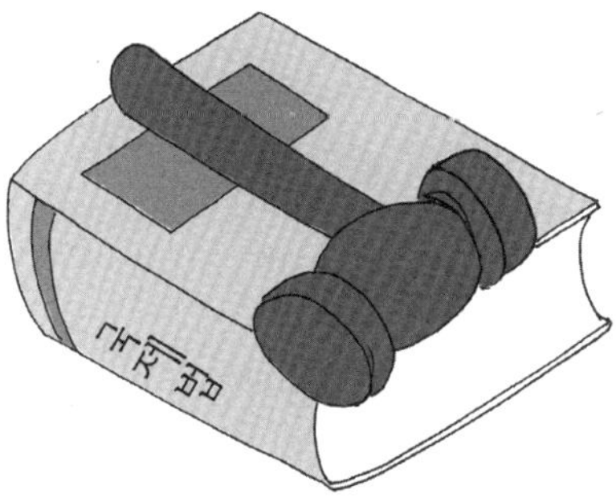

그러나 일본 법원은 형법을 적용했다.

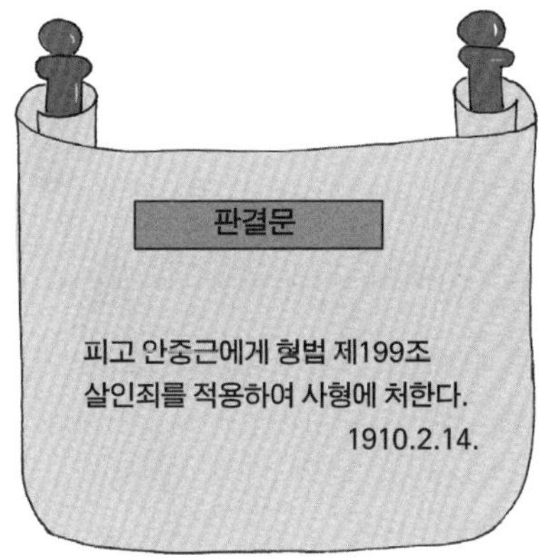

국제법은 이를 강제할 권위 있는 기관이 없다는 특성 때문에 실효성에 한계를 갖는다.

안중근 재판은 법적 정의가 제국주의라는 현실적 장벽에 무너진 사례에 해당한다.

안중근 재판의 문제는 그것이 끝이 아니다. 이 사건을 형사사건으로 본다 하더라도 계속 남는 문제가 있다.

1. 누가 재판할 것인가(재판관할권)?

2. 재판에 어느 나라의 법을 적용할 것인가?

안중근 사건에 대한 재판관할권 문제는 복잡하다. 하얼빈은 원래 청국 영토였지만 1909년 당시 하얼빈은 러시아의 조차지였다.

따라서 당시 안중근에 대한 재판권은 러시아에게 있었다. 그러나 일본은 자신들이 직접 재판권을 행사하기를 원했다.

이를 위하여 일본은 국제법상의 치외법권과 영사재판권 이론을 사용하였다.

'치외법권'이란 외국인이 현재 체재하고 있는 국가의 재판권에 복종하지 않을 자격이다.
나는 외교 사절이니 체재국에서 나를 재판할 수 없어요!
NO
치외법권자에 대한 재판은 체재국 법원이 아닌 본국에서 파견된 영사나 외교관 등이 본국 법에 의해 행하게 된다.
내가 재판을 안 받겠다는 것이 아니라 본국 법에 따라 받겠다는 겁니다.
외교 3254
이렇게 한 국가가 외국에 나가 있는 자국민에 대해 행사하는 재판권을 영사재판권이라고 한다.
영사재판권
국외 체류 국민
본국 법
안중근에 대한 재판권을 러시아로부터 가져오기 위해 고심하던 일본은 영사재판권을 주장하기 위해 다음과 같은 논리를 폈다.
영사재판권

1. 1899년 대한제국과 청국 사이에 체결된 한청통상조약(韓淸通商條約)에 의하면 한국에 있는 청국인과 청국에 있는 한국인은 서로 치외법권을 갖는다.

한청통상조약

…

제5관 : 범법이 발생한 때에는 양국 영사관을 통해 그 국법에 따라 처벌한다.

…

2. 따라서 청나라에는 재판권이 없고 한국이 안중근에 대해 영사재판권을 갖는다.

3. 그런데 1905년 을사조약 제1조에 따르면, 한국인에 대한 영사재판권은 일본이 대신 행사한다.

을사조약

…

제1조 : 일본국 정부는 한국의 외국에 대한 관계 및 사무를 금후 도쿄에 있는 외무성을 통해 감리 및 지휘하며 일본국의 외교 대표자 및 영사는 외국에 대하여 한국의 신민과 이익을 보호한다.

…

그런데 위 논리는 타당하지 않다. 왜냐하면 당시 하얼빈은 러시아의 조차지로서 러시아가 포괄적 통치권을 가지고 있었기 때문이다.

러시아는 안중근에 대한 재판권을 가지고 있었지만 이 문제로 일본과의 외교적 마찰을 원하지 않았기 때문에 재판권을 일본에게 넘긴다.

재판관할권을 가진 러시아와 일본이 정치적 협상을 한 것은 그렇다고 치자. 여기에서 제기되는 중요한 문제는 "안중근 사건에 일본 법을 적용할 수 있는가"라는 것이다.

재판관할권 문제

≠

적용 법규의 문제

을사조약(1905) 이후 일본은 한국을 병합하기 위한 예비조치로 대한제국과 정미조약(1907)을 체결한다. 이 조약에 따른 후속조치를 위하여 체결된 기유각서(1909)에 따르면 사법권은 일본에 양도되었다 하더라도 한국인에게 적용될 법은 한국 법이어야 한다.

한청통상조약

제3관 :
재한국 일본 재판소는 협약 또는 법정에 특별한 규정이 있는 외에는 한국인에 대해서는 한국 법을 적용한다.

정미조약

제1조 :
한국 정부는 시정 개선에 관하여 통감의 지도를 받을 것.

기유각서

제3조 :
재한국 일본 재판소는 협약 또는 법령에 특별한 규정이 있는 것 외에는 한국 신민에 대해서는 한국 법률을 적용함.

안중근 사건 당시에도 이들 조약이 여전히 유효함에도 불구하고 일본 법원은 이를 어기고 한국 형법이 아닌 일본 형법을 적용하였다.

이는 대한제국의 입법주권의 침해임과 동시에 국가 간 계약 위반에 해당한다.

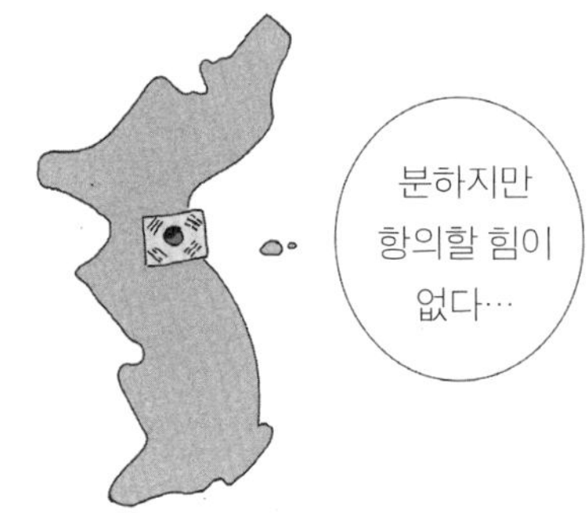

요컨대, 안중근에 대한 재판은 법에 의한 재판이라기보다는 정치적 재판의 성격이 강하다.

이제 와서 "재판을 다시 하라!"고 말하려는 것은 아니다. 문제는 역사인식인데, 어떤 시각이 한·일 간의 발전적 미래에 도움이 될 것인가이다.

안중근 사건은 한국과 일본의 근대사가 매우 극단적으로 충돌한 것으로 살인사건이 아니라, 국제법상의 전쟁 행위로 볼 수 있다.
그리고 동일한 사건, 그것도 한·일 역사 갈등의 핵심 사건에 대하여 양국이 같은 시각을 가질 수 있다면 이는 두 나라 사이에 진정한 화해의 실마리가 될 수 있다.
안중근 사건에 대하여 양국이 같은 시각을 공유하고자 한다면, 민족주의적 관점에서 벗어나 객관적인 시각을 유지해야 한다.
韓
영웅
日
테러리스트
이러한 시각이라면
감정의 골은
계속 깊어지겠지…

안중근 사건을 형사사건으로 해석하는 것이 불가능한 것은 아니지만, 이제는 한국과 일본이 서로 협력하여 아름다운 미래를 만들 수 있는 길을 열어야 한다.

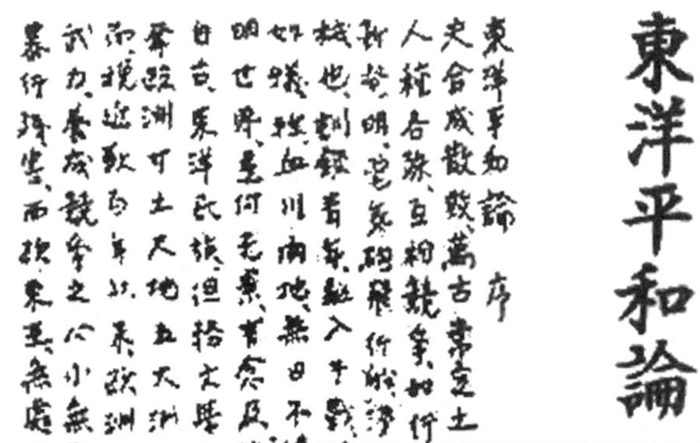
東洋平和論

동양평화론 : 안중근이 옥중에서 저술한 미완성의 소논문. 동양평화론의 핵심은 한 · 중 · 일 3국이 서로를 침략하지 않고 단결하여 서구 세력의 침입을 막아야 참다운 동양 평화를 이룩할 수 있다는 것이다.

안중근의 최후진술도 이와 크게 다르지 않다.
사형이 집행되기 직전, 안중근은 마지막으로 남길 말을 묻는 질문에 조용히 대답했다.

일본이 이순신과 마찬가지로 안중근을 한국의 군인으로 대할 수 있다면, 그날은 한국과 일본 사이의 역사 갈등에 대한 결정적인 화해의 날이 될 것이다.

그리고 두 나라 사이의 진정한 화해는 아시아, 더 나아가 세계평화의 빛이 될 것이다.

제2부

논설로 읽기

I. 이야기를 열며[1]

1 '안중근 사건'[2]이란 1909년 10월 26일 중국의 하얼빈 역에서 안중근安重根이 이토 히로부미伊藤博文를 사살한 사건을 말한다. 1910년 2월 14일 뤼순旅順에 소재한 일본 법원(관동도독부[3] 법원)은 일본 형법 제199조(살인)를 적용하여 안

1 이 글(제2부)은 필자가 이미 발표한 논문(명순구, 〈안중근과 이토 히로부미의 접점에 대한 법적 평가 — 일본인이 안중근을 흉한이라고 부르기 어려운 법리적 이유〉, 《인권과 정의》 제333호(2004. 5.), 대한변호사협회, 151-163면을 수정하고 약간 쉽게 풀어서 다시 쓴 것이다.

2 이 사건을 우리나라에서는 보통 '하얼빈 의거'로 표현한다. 그런데 이 글에서는 이를 '안중근 사건'으로 표현하기로 한다. 객관적 시각을 견지하기 위한 목적에서이다.

3 일본은 러일전쟁에서 승리한 후 중국 뤼순에 관동도독부를 설치하였다. 관동도독부는 1906년 칙령에 의해 설치되었다. 도독은 천황이 직접 임명하는 관리인 친임관으로서 육군 대장 또는 육군 중장 중에서 지명하였다. 도독은 군대를 통솔하고 외무성의 감독 아래 정무를 행하며 남만주철도를 보호하고 회사의 업무를 감독하였다. 관동도독부

중근에게 사형을 선고하였다. 안중근이 상소를 포기하여 1심 판결이 확정되었고 그로부터 약 한 달 후인 1910년 3월 26일 오전 10시 안중근에 대한 사형이 집행되었다.

우리 민족에게 있어서 안중근은, 한국과 중국 대륙에서 선진 열강들에 의한 제국주의적 침탈이 계속되던 20세기 초에 그러한 행위의 부당성에 항거하여 의기를 떨친 인물이다. 그렇다면 안중근에 대한 일본인들은 평가는 어떠할까? 안중근 사건에 대한 일본인들의 지배적인 생각은 우리의 그것과는 판이하다. 일본에 있어서 안중근은 이토 히로부미를 사살한 인물 혹은 '위인을 죽인 악인' 정도의 인식이 일반적이다.[4] 이와 같은 일본인들의 평가에 대하여 한국 사람들은 "안중근이 우리에게는 영웅이지만 일본인에게 있어서는 그들의 영웅을 죽인 테러리스트로 볼 수밖에 없겠지…"라고 양해하면서, 일본인들의 생각을 그대로 용인할 수밖에 없는 것인가?

의 업무 형태는 최소한 형식적으로는 '군정軍政'은 아니었다. 러일전쟁(1904) 종결 후 일본 육군이 남만주에서 독주하는 조짐을 보이자 국제적인 비판이 있었고 이에 이토 히로부미가 제동을 건 결과이다(사키 류조, 이성범 옮김, 《안중근과 이토 히로부미》, J&C, 2003, 58면 참조).

4 羅明淳 · 曺圭石 외, 《大韓國人安重根》, 世界日報社, 1993, 313면 참조. 그 밖에 일본인들의 안중근에 대한 인식 태도에 대해서는 國家報勳處 · 光復會, 《21世紀와 東洋平和論》, 國家報勳處, 1996; 中野泰雄 著, 金永光 譯, 《일본의 지성이 본 안중근》, 慶雲出版社, 1984 등 참조.

이러한 의문점은 우리의 근대사에 대한 인식에 있어서 매우 중요한 문제라고 생각한다. 한국인과 일본인은 안중근과 이토 히로부미에 대하여 각자 극단적으로 상이한 평가를 할 수밖에 없는 것인가? 만일 그러하다면 한국과 일본 두 나라 사이에 과거의 역사에 대한 진정한 화해는 불가능한 것으로 보아야 한다. 왜냐하면 안중근과 이토 히로부미의 관계는 단순한 개인 대 개인의 차원이 아니라 민족적 · 국가적 차원의 관계 문제이기 때문이다. 그와 같은 근본적인 인식의 차이가 정리되지 않는다면 두 나라 사이에 진정한 화해와 미래지향적 발전은 기대하기 어렵게 된다.

안중근 사건은 안중근과 이토 히로부미라는 두 사람의 접점임과 동시에 한국과 일본의 근대사가 매우 극단적으로 충돌한 사건이기도 하다. 한국의 역사에서 안중근은 조국애를 토대로 세계 평화와 인류애라는 보편적 가치를 실천하고자 했던 인물로 평가되고 있다. 그런데 안중근의 행위에 대하여 단순히 민족주의적 관점 내지 감정적 관점을 가지고 접근하는 것은 그의 행위가 포함하고 있는 문명사적 가치를 자칫 떨어뜨릴 수 있다.

이 글은 안중근이 왜 한국 민족에게 영웅인가를 주장하기 위함이 아니다. 안중근 사건을 객관적 시각에서 법의 눈으로 바라보고자 한다. 안중근 사건을 법적으로 접근한다 하더라도 매우 여러 가지가 논점으로 다가오는데, 이 글은 특히 다음 두 가지 문제에 초점을 두고자 한다. 첫째는, 안중근 사건에 대한 재판관할권과 재판에 있어서 일본 법을 적용한 일본 법원 태도의 정당성 문제이다. 둘째는, 좀더 근본적인 문제로서 안중근이 이토 히로부미를 사살한 사건을 단순한 형사사건으로 볼 수 있는가 하는 점이다.

II. 재판관할권과 재판에 적용된 법이 정당한가?

2 일본 법원은 안중근 사건에 형법상의 살인죄를 적용하였다. 뒤에서 보는 바와 같이[5] 형법을 적용한 것도 문제이지만, 여기에서는 일단 이 사건이 형사사건이라는 점을 긍정하는 전제 위에서 이야기를 전개하고자 한다. 두 가지를 중심으로 생각해 본다. 첫째는, 이 사건에 대한 재판관할권이 일본의 관동도독부 법원에 있는가 하는 것이다. 둘째는, 안중근 사건에 대하여 일본 법을 적용한 일본 법원의 태도가 정당한가 하는 것이다.

---

5 이에 대해서는 이 책 ❽ 이하 참조.

1. 재판관할권에 대하여

3 재판이 법적으로 정당하기 위해서는 문제된 사건에 대하여 재판을 할 수 있는 권한(즉 재판관할권)을 가진 법원에서 이루어진 것이어야 한다. 가령 미국 국적의 사람이 미국에서 미국 사람에게 저지른 범죄에 대하여 한국 법원은 재판관할권을 가지지 않는다. 안중근 사건에서 재판관할권이 문제되는 이유는 대체로 이러하다.

① 피고인 안중근의 국적은 대한제국이다.
② 사건이 발생한 장소는 청국의 영토로서 러시아가 조차租借[6] 하여 관장하고 있던 하얼빈이다.
③ 사건이 발생하기 전에 한국 · 일본 내지 한국 · 청국 사이에 재판관할권과 관련된 사항에 관하여 특별한 조약이 존재하였다.

---

6 조차租借의 개념은 간단하지 않으나 그 실질은 식민 행위의 일종이다. 두 나라 사이에 조약으로 한 나라가 다른 나라로부터 영토를 빌리는 것을 가리킨다. 영토를 빌려 주는 국가租貸國가 조차지에 대한 주권主權을 보유하지만 빌리는 국가租借國가 포괄적 통치권을 행사한다. 조차는 가장된 영토 할양이라는 견해가 있을 정도로 조대국의 조차지에 대한 주권은 실질이 없는 허울에 불과하다.

안중근 사건의 재판관할권에 대하여 검찰 측은 이 사건이 관동도독부 법원의 관할임을 주장하였고 법원은 이를 인정하였다. 이에 관하여 구체적으로 살펴보자.

검찰 측은 다음과 같이 주장하였다.[7]

> 하얼빈은 청국 영토로서 동청철도東淸鐵道[8] 부속지인 동시에 모든 나라에게 자유 지역이었다. 청국에 대하여 치외법권治外法權[9]을 갖는 각국은 이 지역에서 자국의 국민에 대한 법적 권리를 가진다. 일본 및 한국이 청국에 있어서 각 자국민에 대한 치외법권을 가지는 것은 조약상 명백하다. 따라서 러시아 또는 청국에 본 사건에 대한 재판권이 없다. 하얼빈 주

---

7 이 부분은 李起雄 편역, 《안중근 전쟁, 끝나지 않았다》, 悅話堂, 2000, 295면 이하 참조.

8 중국의 분할을 둘러싼 국제적 대립 관계가 전개되는 과정에서 러시아는 독일과 프랑스를 끌어들여 '삼국 간섭'에 의하여 일본의 만주 진출을 저지시키는 데 일단 성공한다. 그 후 러시아는 1896년에 러청동맹밀약을 맺고 일본이 중국 · 한국 · 극동 러시아령을 침략할 경우 상호 원조할 것을 약속하는 한편, 만주 북부를 관통하여 블라디보스토크에 이르는 동청철도東淸鐵道부설권을 획득하였다. 동청철도회사는 러시아가 프랑스의 자금협력을 받아 청국과 합작으로 설립하였다.

9 치외법권exterritoriality이란 외국의 국가원수, 외교사절 등이 재류하고 있는 국가의 국내법으로부터 면제되고 본국 법의 적용을 받는 권리를 말한다.

재 일본 총영사는 메이지 32년(1899년) 3월 법률 제70호와 메이지 33년(1900년) 4월 칙령 제153조에 의하여 일본 국민을 관할한다.

그런데 피고인 안중근의 국적은 일본이 아닌 한국이었다. 그러므로 위의 논리만으로는 이 사건이 관동도독부 법원의 관할임을 주장할 수는 없었다. 이에 관하여 검찰은 다음과 같이 주장한다.

메이지 38년(1905년) 11월 17일 일한보호협약[10] 제1조에 의해 한국 외에 있는 한국인의 보호는 일본이 행하게 되어 있다. 그러므로 하얼빈 주재 일본 총영사가 한국민도 관할하는 것이 당연하다. 따라서 이 사건이 하얼빈 주재 일본 총영사의 관할에 속한다는 것도 명백하다. 한편, 메이지 41년(1908년) 법률 제52호는 외무대신에게 영사재판권의 관할 이전에 대한 명령권을 인정하였고, 이에 따라 메이지 42년(1909년) 10월 27일 외무대신이 관동도독부로의 관할 이전 명령을 하였으므로 이 사건이 관동도독부 지방법원의 관할에 속함은 이론의 여지가 없다.

---

10 우리나라에서는 '제2차 한일협약', '을사조약', '을사늑약' 등으로 일컬어지는 조약을 가리킨다. 이 협약의 내용에 대하여 자세한 것은 최덕수 외, 《조약으로 본 한국 근대사》, 열린책들, 2010, 635면 이하; 이태진 편, 《일본의 대한제국 강점》, 까치, 1995, 60면 등 참조.

4 법원은 검찰의 주장을 그대로 받아들여 안중근 사건에 대한 재판관할권이 자신에게 있다고 판단하였다.[11] 법원의 논리는 대체로 이런 것이다.

① 1899년 대한제국과 청국 사이에 체결된 대한국대청국통상조약大韓國大淸國通商條約 제5관은 "재한국 중국 인민이 범법한 일이 있을 경우에는 중국 영사관이 중국의 법률에 따라 심판 처리하며, 재중국 한국 인민이 범법한 일이 있을 때에는 한국 영사관이 한국의 법률에 따라 심판 처리한다"라고 규정하고 있으므로 한국에 있는 청국인과 청국에 있는 한국인은 서로 치외법권을 가진다.
② 따라서 한국인인 안중근에 대하여 청나라에는 재판권이 없고 한국이 영사재판권을 가진다.
③ 그런데 1905년 을사조약은 한국의 외교권이 일본에게 있다고 규정하고 있다.
④ 그러므로 안중근에 대한 영사재판권은 일본에 있다.

5 얼핏 보기에 법원이 전개한 논리는 문제가 없어 보이기도 한다. 법원의 이 판단은 과연 타당한가? 안중근 사건을 형사사건으로 전제하고 재판관할권 문제에 한정하

11 李起雄 편역, 앞의 책, 351-356면 참조.

여 말한다면, 법원의 판결에는 법리적으로 별다른 문제가 없어 보인다. 안중근 사건을 단순한 형사범죄로 본다면 영사재판consular jurisdiction에 속하는 사안인데, 사건 발생 당시 한국은 1905년 11월 17일의 을사조약 제1조 및 제2조에 따라 일본에 의하여 외교권을 상실한 상태였기 때문이다. 그러나 좀더 자세히 들어가 보면 법원의 판단에는 결정적인 오류가 있다. 안중근 사건 당시 사건의 발생지인 뤼순은 러시아 조차지여서 청국의 통치권이 배제되는 지역으로서 러시아에게 재판관할권이 있다고 보아야 하기 때문이다. 실제로 안중근은 하얼빈역에서 러시아 헌병에 의해 즉시 체포되어 하얼빈역 헌병대 분파소에서 러시아 검찰관에게 심문을 받다가 오후 8, 9시경에 일본 영사관에 넘겨졌다. 러시아는 안중근에 대한 재판관할권을 가지고 있었지만 일본과의 외교적 마찰을 피하기 위해 황급히 안중근을 일본 영사관에 인도하면서 동시에 그에 대한 재판권을 포기한 것이다.

안중근 사건을 살인사건으로 전제한다면 재판권이 일본에게 있다는 주장도 불가능한 것은 아니다. 외국인이 일본의 영토 밖에서 일본인에 대하여 죄를 범한 경우에 대해서도 일본 형법을 적용할 수 있는데다가 원칙적 재판관할권 보유국인 러시아가 재판권을 포기하였기 때문이다. 그러므로 애초

부터 자신에게 재판관할권이 있다고 본 관동도독부 법원의 판단은 정확하다고 볼 수 없다. 그러나 결과적으로는 일본 법원에 재판관할권이 있다는 주장은 수긍할 만하다.

2. 일본 형법을 적용한 점에 대하여

(1) 재판의 경과

6 안중근 사건에 대한 재판관할권이 일본에게 있다고 긍정해 보자. 그리고 이 사건을 형사범죄에 해당하는 것으로 본 일본 법원의 판단도 긍정해 보자. 그런데 그렇다 하더라도 안중근에 대하여 적용될 법이 한국 법인가 아니면 일본 법인가 하는 문제는 여전히 남아 있다.

이 문제에 대하여 검찰은 1905년의 을사조약을 근거로 적용되어야 할 법규는 일본 형법이라고 주장하였다.[12]

> 메이지 38년(1905년) 11월 17일의 일한보호협약이 체결되었는데, 보호협약에 있어서의 소위 '보호'의 의미에 비추어 볼 때 일본 형법에 준거하여야 한다.

---

12 李起雄 편역, 앞의 책, 296면 참조.

이에 대하여 변호인은 다음과 같은 취지로 검찰의 주장을 반박하였다.[13]

> 일본 정부가 일한보호협약 제1조에 의해 외국에 있는 한국 신민을 보호하는 것은 한국 정부의 위임을 받고 하는 것이기 때문에, 재판권은 일본 영사관에 있지만 적용 법규는 한국이 제정한 법을 적용하여야 한다. 사안은 한국민이 국외에서 행위를 한 것으로 섭외적 형벌법규가 문제된다. 그런데 일본과 달리 한국에는 섭외적 형벌법규가 존재하지 않는다. 그러므로 죄형법정주의의 원칙상 무죄라고 할 수밖에 없다.[14]

그러나 법원은 다음과 같은 이유를 들어 이 사건에 적용될 법은 일본 법이라고 판단하였다.[15]

> 일한보호협약 제1조의 취지는, 일본 정부는 그 신민에 대해 갖고 있는 공권력 사용에 있어서 균등하게 한국 신민도 보

13 李起雄 편역, 앞의 책, 305-308면 참조.

14 그러나 이러한 상황을 들어 무죄라고 판단할 것은 아니라고 생각한다. 왜냐하면 영사재판권에 따라 한국 형법상의 살인죄를 적용하는 것이 논리이기 때문이다.

15 李起雄 편역, 앞의 책, 356면 참조.

호해야 한다는 해석에 의해 공권력 사용의 일부에 속하는 형사법을 적용하는 것이다. 이 적용에 있어서 한국 신민을 제국 신민과 동등한 지위에 놓고, 그 범죄에 대해 제국 형법을 적용하는 것이 이 협약의 본뜻에 가장 잘 부합하는 것이다. 그러므로 한국 형법을 적용할 것이 아니다.

(2) 판결에 대한 평가

7 안중근 사건에 적용될 법에 관한 검찰의 주장과 이를 수긍한 법원의 태도에는 동의하기 어렵다. 가장 심각한 것은, 법원의 판결이 1905년의 을사조약의 내용을 곡해하였다는 점이다.[16]

을사조약에 따라 한국이 일본의 보호국으로 전락한 것은 사실이다. 국제법상 '보호관계'란 두 국가 사이에 존재하는 계약관계이다. 일방 당사국(피보호국)은 자신의 주권국가로서의 존재를 그대로 유지하면서 자신의 대내적 · 대외적 주권에 속하는 일정한 권리를 타방 당사국(보호국)에 위임하고, 보호국은 피보호국을 대내적 · 대외적 공격으로부터 방어하고 제도를 발전시키는 데에 협조하면서 그 권리를 보호

16 을사조약은 실체적 · 형식적 측면에서 무효라는 주장이 가능하다(이태진 편, 앞의 책, 66면 이하 참조). 그러나 이 글에서는 그 협약의 유효성을 인정하는 전제 위에서 논의하기로 한다.

해 줄 의무를 진다.[17] 어떠한 조약이 보호조약인가 여부는 조약의 실질적인 내용에 따라 판단되는 것인데, 을사조약의 내용은 보호조약의 전형적인 모습을 갖추고 있다.[18] 그리고 을사조약에 따라 한국이 일본에게 위임한 중요 사항은 외교권이었다.[19] 즉 이 협약에 따라 한국은 외교권을 일본에 위임한 것이다. 이러한 사실에 유의하면서 안중근 사건에 적용될 법이 어떤 법인가 하는 것을 생각해 보자. 을사조약에 따라 한국은 외교권을 일본에 위임한 것일 뿐이지 주권을 상실한 것은 아니라는 점에 유의하여야 한다. 영사재판권이 문제된 사안에 있어서 한국이 일본에 위임한 것은 사법권의 일부에 속하는 영사재판권인 것이지 당해 재판에 적용할 법에 대한 판단까지 위임한 것은 아니다.[20] 만약 을사조약을 통하여 한국이 일본에게 형벌법규의 제정까지 위임하였다면 검찰과 법원의 입장이 타당할 것이다. 그러나 을사조약에서는 그러한 내용을 찾을 수 없다. 1905년 이후에 체결된 1907년의 정미조약

---

17 프랑시스 레이 집필, 최종고 · 남효순 역, 〈대한제국의 국제법적 지위〉, 이태진 편, 앞의 책, 297-298면 참조.

18 이태진 편, 앞의 책, 298-299면 참조.

19 이 협약의 대부분의 조항이 외교권에 관계되어 있다.

20 변호인도 이와 유사한 취지의 주장을 하였다(李起雄 편역, 앞의 책, 307면 참조).

과 그 후속 조치에 해당하는 기유각서(1909년)[21]에서도 재판권을 언급하고 있는데, 여기에서도 재판권은 일본에 양도하되 한국민에게 적용되는 법규는 한국 법이라고 정하고 있다.

게다가 을사조약은 일본 정부에 대하여 한국과 타국 사이에 현존하는 조약을 이행할 의무를 부과하였다(제2조).[22] 이에 따른다면, 안중근 사건에 적용될 법은 한국 법이라는 결론에 이르게 된다. 왜냐하면 1899년 9월 11일에 한국과 청국 사이에 체결된 한청통상조약[23] 제5관에 따르면, 청국 영토에서 한국민이 저지른 범죄는 한국 법에 의하여 처벌하여야 하기 때문이다. 을사조약의 유효성을 인정한다 하더라도, 안중근 사

---

21 1909년 7월 12일 한국의 사법권 및 감옥사무의 처리권을 일본 정부에 위탁하는 각서를 말한다. 모두 5개 조항으로 구성되어 있는데, 제3조는 다음과 같다: "재한국 일본 재판소는 협약 또는 법령에 특별한 규정이 있는 것 이외에 한국 신민에 대해서는 한국 법규를 적용함." 기유각서의 내용에 대해서는 이 책의 부록 참조.

22 을사조약 제2조는 다음과 같다: "일본국 정부는 한국과 다른 나라 사이에 현존하는 조약의 실행을 완전히 책임지며, 한국 정부는 이후 일본국 정부의 중개를 거치지 않고는 국제적 성격을 띤 어떤 조약이나 약속도 하지 않을 것을 약속한다."

23 대한제국의 외부대신 박제순朴齊純과 청국의 흠차전권대신 서수펑徐壽朋이 조인한 통상조약으로서 모두 15관으로 구성되어 있다. 양국이 서로 균등한 자격으로 거류민의 신분과 재산을 보호하며 이를 위해 전권대사(전권위원)를 교환하고 총영사관을 설치하도록 약정하였다. 관련 내용에 대해서는 이 책의 부록 참조.

건에 대한 법원의 판단은 국가 간의 계약을 위반한 것이라는 점을 지적하지 않을 수 없다.

III. 형법을 적용할 사안인가?

8 임진왜란 당시에 조선의 장군 이순신李舜臣은 엄청나게 많은 수의 일본인을 죽였음에도 불구하고 그를 테러리스트라고 부르는 일본인은 없다. 그 이유는 무엇일까? 그 이유는 의외로 간단하다. 전쟁 상태에서 교전 중에 벌어진 사건이었기에 '죽은 자' 측에서도 이순신을 테러리스트라고 말할 수 없는 것이다. 이와 같이 '죽인 자'와 '죽은 자'의 법적 지위가 어떠한가에 따라 사망이라는 사실에 대한 법적 평가에 큰 차이가 있다. 만약 안중근이 이토 히로부미에게 총격을 가한 사실을 전쟁 상태에서 교전 중에 발생한 사건으로 본다면 일본인조차도 안중근을 테러리스트로 부를 수 없을 것이다.

국제법에 있어서 일반적으로 전쟁이란 전쟁의사를 수반하는 국제법 주체(예: 국가) 사이의 무력투쟁이다.[24] '교전자격 facultas bellandi'이라 함은 무력충돌 시에 적을 공격할 수도 있고 공격을 당할 수도 있는 자격을 말하며, 교전자격을 가진 자를 '교전자격자belligerents'라고 한다.[25] 교전자격자의 개념은 국제법상 무력충돌법에 있어서 전투를 국지화하기 위한 목적으로 고안된 것이다.[26] 교전자격이 없는 문민文民은 적을 공격할 수도 없고 공격의 대상이 될 수도 없다. 즉 문민의 지위에 있는 자가 적을 공격하다가 체포되면 포로의 대우를 받지 못하고 형사제재의 대상이 되며, 문민을 공격하다가 체포된 자는 비록 그 공격자가 교전자격자라 하더라도 포로의 대우를 받지 못하고 형사책임을 져야 한다. 반면, 교전자격자 사이의 공격은 정당행위正當行爲로서 형사처벌의 대상이 되지 않고 체포되는 경우에는 포로의 대우를 받게 된다.

9 일본 법원은 안중근에게 일본 형법상의 살인죄를 적용하여 사형을 선고하였다. 그런데 이 법 적용의 정당성에는 의문이 있다. 안중근이 이토 히로부미를 사살한 시점이 교전 상태였고 이들 두 사람이 모두 교전자격자의 지위에 있었다면 안중근에게 형사책임을 물을 수 없기 때문이다. 이

---

24 柳炳華 · 朴魯馨 · 朴基甲, 《國際法》 II, 法文社, 2000, 657면.

25 金正均 · 成宰豪, 《國際法》, 博英社, 2003, 731면 참조.

26 金燦奎, 〈國際法上의 게릴라〉, 《法律新聞》 제25559호(1996. 12), 法律新聞社, 14면 참조.

러한 관점에서 크게 다음 두 가지 문제를 생각해 보고자 한다. 첫째, 안중근 사건의 발생 시점을 전쟁 상태로 판단할 수 있는가? 둘째, 안중근과 이토 히로부미는 교전자격자의 지위에 있었는가?

1. 전쟁 상태에 있었다 — 의병전쟁

10 안중근 사건 당시의 상황이 전쟁 상태이었는가를 판단함에 있어서 중심적인 논의 대상은 의병[27]전쟁이다. 당시 안중근은 의병단체에 소속하고 있었고 그가 이토 히로부미를 사살한 것은 의병전쟁의 일환으로 행한 것이었기 때문이다.[28] 관동도독부 법원에서 진행된 심리과정 중에 안중

27 '義兵'이라는 용어는 동학농민군도 사용하였고 동학농민군을 진압하던 유군민병儒軍民兵도 의병과 비슷한 용어인 '義旅'라는 이름을 사용하였다(조동걸, 《한말의병전쟁》, 독립기념관 한국독립운동사연구소, 1989, 14면 참조). 그런데 여기에서 말하는 의병이란 일제의 침략에 대항하여 봉기한 民兵을 의미한다.

28 고종의 상제 퇴위(1907), 정미7조약의 체결(1907), 군대의 해산(1907)이라는 일련의 사건을 목격한 안중근은 블라디보스토크로 들어간다. 이곳에서 그는 청년회에 가입하여 임시사찰臨時査察로 선출되어 여러 지역을 돌며 유세하면서 의병과 의금을 모았다(羅明淳 · 曺圭石 외, 앞의 책, 42면).

근은 다음과 같은 진술을 한다.

> 나는 개인 자격으로 남을 죽인 범죄인이 아니다. 나는 대한국 의병 참모중장의 의무로 소임을 띠고 하얼빈에 이르러 전쟁을 일으켜 습격한 뒤에 포로가 되어 이곳에 온 것이다. 뤼순구旅順口 지방재판소地方裁判所와는 전연 관계가 없는 일인즉 만국공법과 국제공법으로써 판결하는 것이 옳다.[29]

이와 같은 진술로 볼 때 안중근은 자신의 법적 지위가 군인이며, 자신의 행위는 교전 중에 발생한 것이라는 점을 확고하게 인식하고 있었다.

어떠한 무력충돌 상황을 전쟁으로 보기 위해서는 다음과 같은 요소가 구비되어 있어야 한다[30]: ① 실질적 요소(즉 무력투쟁의 존재); ② 의사적 요소(즉 전쟁의사); ③ 주체적 요소(즉 국제법 주체 간의 무력투쟁). 결론부터 말한다면, 한말의 의병전쟁은 이와 같은 요소를 모두 갖춘 것으로 평가할 수 있는데, 이에 대하여 좀더 구체적으로 살펴보고자 한다.

---

29 安重根 著, 安重根義士紀念館 譯, 《安重根義士自敍傳》, 安重根義士記念館, 1993, 111-112면 참조. 안중근 자서전의 원본인 漢文本 '安應七歷史'는 市川安正, 《重明根と日韓關係史》, 原書房, 1979, 553-667면에 실려 있다.

30 柳炳華 · 朴魯馨 · 朴基甲, 앞의 책, 658-660면 참조.

첫째, 실질적 요소를 보기로 한다. 전쟁 상태에 있다고 하기 위해서는 상당한 무력투쟁이 실질적으로 존재해야 한다. 한말 의병전쟁은 이 요건을 충족시키기에 충분하다. 의병전쟁은 1894년에 발단되어 1910년 이후 식민지 시대에는 민족해방 전쟁을 수행하는 독립군의 형태로 발전하였다. 의병전쟁에 있어서 전쟁의 구성 요소인 무력투쟁이 포함되었음은 당연하였다. 의병전쟁의 물량적 공과에 대하여는 확실한 통계가 없다. 다만 일본군 측에서 발표한 〈朝鮮暴徒討伐誌조선폭도토벌지〉라는 자료에 따르면, 1906년부터 1911년까지 일본군의 사상자가 403명이고 의병의 사상자가 21,485명으로 되어 있다.[31] 이 정도의 인명 손상의 상황에 비추어 볼 때 의병전쟁은 전쟁의 실질적 요소로서의 무력투쟁을 수반한 것으로 판단하기에 충분하다.

둘째, 의사적 요소를 보기로 한다. 전쟁이 성립하려면 전쟁의사戰爭意思, animus bellandus가 수반되어야 한다. 전쟁의사는 원칙적으로 선전포고나 최후통첩ultimatum과 같은 전쟁의 선언을 통하여 명시적으로 표시하여야 한다.[32] 그런데 의병들의 투쟁 행위에 있어서 일본 측에 대하여 명시적인 전쟁의 선

31 좀더 자세한 통계에 대해서는 조동걸, 앞의 책, 212면 참조.

32 1907.10.18. 적대행위 개시에 관한 헤이그III 협약은 이러한 취지를 정하고 있다.

언을 하였는가 하는 것은 그리 중요한 문제가 아니라고 생각한다. 1904년의 러일전쟁에 있어서 일본이 선전포고 없이 뤼순의 러시아 함대를 공격함으로써 전쟁이 시작된 예에서와 같이 국제사회에 있어서 전쟁선언이 전쟁의 본질적인 요소는 아니기 때문이다. 게다가 교전 당사자를 의병과 일본군으로 보았을 때 전쟁을 개시한 것은 실질적으로 침략 행위[33]를 실행한 일본군이라고 보아야 할 것이므로,[34] 전쟁의 선언이 요구된다면 이는 일본 측에 해당하는 사항으로 보아야 한다.[35]

셋째, 주체적 요소를 보기로 한다. 전쟁은 국제법 주체 간의 무력투쟁이라는 점에서 단순한 내란 또는 사적인 무력투쟁과 구별된다. 여기에서 다음과 같은 문제가 제기된다: 의병항쟁을 국제법상의 전쟁으로 볼 수 있을 것인가? 이 문제는 교전자격의 시각에서 접근하는 것이 좋을 것 같다. 그러

33 국제법상 침략의 의미에 대해서는 李仲範, 〈國際法上 侵略의 意義〉, 《考試界》 제25권 제1호(1980. 1.), 考試界社, 91면 이하 참조.

34 일본은 영일동맹(1902)의 체결과 미국 등의 묵인을 배경 삼아 한국에 대하여 무력을 통한 식민지 방침을 굳히고 있었는데, 1903년 12월 30일의 일본 각료회의의 결의는 다음과 같은 내용이다: "한국에 관하여는 여하한 경우에 임하더라도 무력으로써 한국을 일본의 권세하에 두지 않을 수 없는 바는 물론이나…"(이태진 편, 앞의 책, 29-30면 참조)

35 일제 침략에 관련된 주요 연구물의 목록에 대해서는 정일성, 《이토 히로부미》, 지식산업사, 2002, 306-307면 참조.

나 결론은, 뒤에서 말하는 바와 같이 의병은 국제법상 교전자격자의 지위에 있다는 것이다.

2. 가해자와 피해자가 교전자격자인가?

11 위에서 안중근 사건 당시의 상황은 전쟁 상태의 요건을 구비하고 있음을 알 수 있었다. 여기에서 또 하나 판단하여야 할 사항이 있다. 안중근 사건에 있어서의 공격자와 피격자가 모두 교전자격자인가의 문제가 그것이다.

(1) 이토 히로부미는 교전자격자이다

12 이토 히로부미의 이력履歷[36]을 고려하면서 그를 교전자격자로 판단할 수 있는가 하는 것을 생각해 보기로 한다.

1841년에 출생한 이토 히로부미는 일본 근대화를 주도한 인물이다.[37] 1875년 법제국장관法制局長官에 임명된 후 형법전

36 이에 대하여 자세한 것은, 미요시 도오루 지음, 이혁재 옮김, 《史傳 이토히로부미》, 다락원, 2002; 정일성, 앞의 책; 우지 도시코 편, 이혁재 옮김, 《일본총리열전》, 다락원, 2002, 10-19면 등 참조.

37 이토 히로부미는 그가 한창 활동하던 시기인 1885년 '곤니치今日신

과 헌법전의 기초에 있어서 주도적 역할을 하였고, 1885년 12월부터 1900년대 초 격동의 시기에 여러 차례 총리대신을 역임하였다. 갑신정변(1884년) 후 1885년 청국과 일본 사이에 조인된 텐진조약[38]을 위하여 이토 히로부미는 특파전권대사로서 청나라를 방문하였다. 1895년 청일전쟁 강화회담에 있어서도 전권변리대사로 임명되어 청나라 전권대사인 리훙장과 회담하였다. 1904년에는 총리대신으로서 러일전쟁의 개전을 결정하고 특파대사로 대한제국을 방문하였다. 당시 일본의 국가적 과제인 대륙 진출과 관련된 일련의 사무에 관하여 이토 히로부미는 국가원수이며 군통수권자[39]인 일본의 천황天皇

문'의 '일본의 현대 10걸'이란 제목의 각계 인물에 대한 인기투표에서 정치가 부문 1위를 차지하였다고 한다. 이토 히로부미는 그렇게 대중적인 인물로서 막강한 영향력을 가졌던 자이다.

38 텐진조약의 주요 내용은, 청·일 두 나라 군대가 조선에서 철수하고 장래 출병할 때는 서로 통고한다는 것이다. 이 조약을 계기로 하여 일본은 조선에 대한 영향력을 계속 확보해 나갔다.

39 여기에서 메이지 헌법상의 군통수권을 둘러싼 권력 상태를 살펴보자. 이토 히로부미는 그의 주도 아래 마련된 헌법 초안을 1888년 천황에게 제시하고 추밀원을 신설해 직접 의장이 된 뒤, 헌법을 심의했고, 마침내 1889년 헌법을 제정·공포하였다. 이 과정에서 이토는 초안 제12조에서 육·해군의 통수권은 천황이 갖되 그 편제는 칙령으로 정하도록 하였던 것을 모두 천황의 권한으로 바꾸었다. 이에 따라 군은 의회의 통제에서 벗어나게 되었다(미요시 도오루 지음, 이혁재 옮김, 앞의 책, 338면). 이와 같은 행동 경향은 군부독재를 우려하지 않을 정도로 이토

으로부터 전권을 위임받아 활동한 것으로 판단된다. 그리고 그에게 위임된 권한은 군사지휘권을 포함하여 외교권 · 행정권 등을 포함하는 매우 포괄적인 것이었다.

이토 히로부미가 대한제국에 대하여 직접적 지배권을 명시적으로 표출한 것은 1905년 을사조약 이후로 볼 수 있다. 을사조약 제3조에 따르면, 일본국 정부는 그 대표자로서 한국 황제의 아래에 1명의 통감을 두며, 통감은 전적으로 외교에 관한 사항을 관리하기 위하여 서울에 주재하면서 직접 한국 황제를 만나 볼 권리를 가진다. 초대 통감으로 부임한 사람이 바로 이토 히로부미이다. 1905년 12월 20일 일본국 칙령 제267호로서 통감부 및 이사청의 관제를 규정하였다. 이에 따르면, 통감은 한국에 대해 일본 정부를 대표하는 존재로서, 일본 주재 외국 대표자를 제외한 한국에서의 외국 영사관 및 외국인에 관한 사무를 통할하고, 한국에서의 일본 관리 및 관청이 시행하는 여러 업무를 감독하는 지위에 있었다(칙령 제3조). 특히 통감은 한국의 질서를 유지하기 위하여 필요하다고 인정할 때에는 한국수비군 사령관에 대하여 병력 사용

히로부미의 군부 장악력이 확고했음을 보여 주는 것이며, 이러한 헌법을 기반으로 이토 히로부미는 실질적인 군통수권자의 지위에 설 수 있었다(미요시 도오루 지음, 이혁재 옮김, 앞의 책, 339면).

을 명령할 수 있는 권한을 보유하였다(칙령 제4조). 이와 같이 통감에게 군사권이 주어졌다는 사실은 통감을 교전자격자로 파악하는 데에 아무런 장애가 없음을 의미한다.

13 그런데 여기에서 한 가지 유의하여야 할 점이 있다. 안중근 사건이 일어나기 직전인 1909년 6월에 이토 히로부미는 통감의 직책을 사임한 상태에 있었다는 사실이 그것이다. 이 사실로 인하여 안중근 사건 당시 이토 히로부미에게 교전자격이 없었다고 할 수 있겠는가? 부정하여야 할 것이다. 그 근거로는 다음과 같은 사항을 지적할 수 있다. 첫째, 안중근 사건 당시 이토 히로부미는 추밀원樞密院 의장의 직위에 있었다는 사실이다. 당시의 추밀원은 천황에 대한 최고 자문 기구로서 의회 및 내각에 대한 견제 기능을 하는 등 관료제의 지배 유지 기구로 기능하였다.[40] 추밀원은 국가의 중요 정책에 실질적으로 관여한 기관이었는데,[41] 이토 히로

40 1887년 이토 히로부미 주도하에 헌법 초안이 마련되고 1888년에는 완성이 되었다. 이토는 수상 자리를 구로타에게 주고 자신은 추밀원에 들어가 최초의 추밀원 의장이 된다. 추밀원의 위상을 잘 알 수 있는 대목이다.

41 추밀원의 실질적 기능은 1910년 한일합병조약이 체결되던 당시 일본의 사정을 보면 쉽게 이해할 수 있다. 1910년 일본에서는 樞密院會議에서 일본 천황의 재가가 내려지고 동시에 '韓國併合詔書'와 '前韓國皇帝를 冊하여 왕으로 한다는 조서', '이강李堈 및 이희李熹를 公으로 한다는

부미는 그 기관을 포함하여 일본 정치를 이끌었던 인물이었다.[42] 둘째, 안중근 사건 당시에도 이토 히로부미는 일본의 대륙 진출과 관련된 사무에 있어서 여전히 실질적으로 천황으로부터 포괄적인 권한을 위임받아 활동하였다는 사실이다. 이토 히로부미는 러시아의 남하 정책에 대한 대응책으로 러일전쟁을 개시하고 실질적으로 지휘하였다. 일본이 이 전쟁을 도발한 주된 목적은, 대한제국과 청국에서의 이권에 대하여 러시아에 대한 일본의 우선권을 확인 · 확보하고자 하는 것이었다.[43] 일본의 한국 및 만주 경영에 관한 계획은 러일전쟁의 승리만으로 완성된 것이 아니었다. 이토 히로부미가 1909년 6월 한국에서의 통감 직을 사임하고 안중근 사건이 발생한 1909년 10월 만주 사찰에 나선 것은, 하얼빈에서 러시아의 재무장관 코코프초프와 만나 한국 경영[44]을 위시한 대

조서' 등이 발표되고 일제의 합방 선언이 공포되었다. 한일병합조약 전문은 이 책의 부록 참조.

42 이토 히로부미가 기초한 소위 제국헌법에 의해 구성된 일본의 통치기구는 전체주의적 성격이 강했다. 日王의 통치를 보좌하는 내각 외에 때로는 권력이 더욱 강한 추밀원 등과 같은 특권 관부가 행정부를 견제했으며, 권력의 소재가 극히 다원적이고 복잡하였다.

43 러 · 일 간의 '포츠머드조약'의 내용과 그 후의 상황에 대해서는, 김희영, 《이야기 일본사》, 청아출판사, 1987, 424-425면 참조.

44 이토 히로부미는 한국을 명실공히 식민지로 만들기 위해서는 러시아의 양해가 필요하다고 생각하였다(우지 도시코 편, 이혁재 옮김, 앞

륙 진출을 도모하기 위한 것이었다. 즉 이토 히로부미의 하얼빈 방문은 일본의 침략 행위의 일환[45]으로 보아야 한다.

요컨대, 안중근 사건 당시에 이토 히로부미는 교전자격자의 지위에 있었다.

(2) 안중근도 교전자격자이다

14 일본은 한국을 경영하기 위하여 불법적인 군사력을 앞세우고 기만적인 외교전술[46]을 이용하여 조약·의정서·각서·협약 등의 이름으로 한국과 여러 합의를 하였다. 일본이 이러한 합의들을 체결한 이유는 최소의 군사력으로 한국을 경영하기 위한 것으로 평가하고자 한다.[47] 그러므로 대한제국 시대에 일본의 한국에 대한 기본 전략은 군사작전을 주로 한 것이었다. 바로 이러한 측면에서 구한말 일본

의 책, 16면).

45 이토 히로부미가 사살당한 후 당시의 일본 언론이 그의 하얼빈 방문이 개인 여행 및 유람이라는 점을 강조하는 논조를 보였다고 하는데, 이러한 언론의 태도는 정치적 침략 목적을 의도적으로 은폐하기 위한 것으로 판단된다. 기타 안중근 사건과 관련한 각국 신문의 논조에 대해서는, 市川正明, 앞의 책, 187-208면 참조.

46 이재석, 〈문명사적 관점에서 본 안중근 의사의 의거〉, 《대한정치학회보》 제7집 제2호(1999년 겨울), 대한정치학회, 37면 참조.

47 유사한 취지의 서술에 대해서는 이태진 편, 앞의 책, 30면 참조.

의 한국 진출은 군사적 침략 행위이고, 그에 맞선 의병부대의 투쟁은 단순한 싸움이 아닌 국제법상의 전쟁으로 파악할 수 있는 가능성이 열려 있는 것이다. 이와 관련하여 여기에서는 안중근이 국제법상 교전자격자의 지위에 있었는가 하는 문제를 논의하고자 한다.

15 교전자격의 문제는 전쟁법jus in bello의 분야에서 다루어지는 사항이다. 전쟁법은 관습법의 형태로 존재하여 오다가[48] 19세기 중반부터 본격적인 성문화 과정에 이르게 된다.[49] 그 예로서 다음과 같은 것을 들 수 있다: ① 해전에 관한 파리Paris 선언(1856년); ② 전쟁 부상자 · 병자 · 위생병 보호에 관한 제네바Geneva협약(1864년); ③ 특정 무기의 사용 금지에 관한 상트 페테르부르크St. Petersburg 선언(1868년); ④ 전투인과 비전투인의 구별에 관한 브뤼셀Bruxelles선언(1878년); ⑤ 헤이그Hague 평화회의(1899년); ⑥ 제2차 만국평화회의(1907년 헤이그회의).

안중근의 교전자격과 관련하여 문제되는 사항은 다음과

48 Hugo Grotius의 《전쟁과 평화의 법》(1625)은 당시까지의 전쟁에 관한 관습법을 체계적으로 정리한 저술이다.

49 이에 관하여 자세한 것은, 柳炳華 · 朴魯馨 · 朴基甲, 앞의 책, 781면 이하 참조.

같다: 사건 당시 안중근은 한 국가의 정규군이 아니었는데, 그럼에도 불구하고 교전자격자로 볼 수 있는가? 결론부터 말한다면, 안중근이 정규군의 구성원이 아니었다는 사실은 안중근을 교전자격자로 보는 데에 있어서 어떠한 장애요소로 작용하지 않는다. 아래에서 그 이유를 보기로 한다.

16 이에 관해서는 제2차 만국평화회의(1907년 헤이그회의)에서 채택된 육전규칙陸戰規則의 내용이 실효성 있는 규준을 제공한다고 말할 수 있다. 그러므로 1907년의 헤이그 협약의 내용을 중심으로 논의하고자 한다. 이러한 태도에 대하여 혹자는 다음과 같은 의문을 제기할 수 있다: 1907년의 헤이그협약은 연대조항clause si omnes[50]을 포함하고 있었는데, 이 협약의 당사국이 아닌 대한제국과 이 협약을 어떻게 연결할 수 있겠는가? 그러나 그렇게 판단할 것은 아니라고 생각한다. 1907년의 헤이그협약은 전쟁으로 인한 피해를 최소화하고 전쟁을 종국적으로 불식시키고자 하는 전쟁법의 이념에 기초하여 종래에 산재해 있던 관습 또는 단편적 실정규범을 체계화한 것으로 볼 수 있기 때문이다. 즉 어떤 국가가 이 협약의 당사국인가 여부와 상관없이 이 협약의 중요 내용은

50 즉 교전자 쌍방이 헤이그협약의 당사자인 경우에만 이 협약을 적용한다는 내용을 말한다.

국제법의 법원인 관습[51]으로서 그 전부터 이미 규범력을 발휘하고 있었다는 사실에 유의할 필요가 있다. 요컨대, 1907년의 협약의 내용, 특히 교전자격에 관한 사항은 안중근 사건 당시에 관습법의 형태로 규범력을 보유하고 있었다. 그러므로 안중근의 교전자격을 판단함에 있어서 1907년의 헤이그협약을 기준으로 삼는 것은 법논리의 허용 범위 안에 있는 주장이다.

17 제2차 만국평화회의(1907년 헤이그회의)에서 채택된 육전규칙은 정규군armies뿐만 아니라 비정규군irregular armed forces[52]도 교전자격자가 될 수 있음을 인정하고 있었다. 다만, 국가의 법령에 의하여 조직된 정규군은 정규군이라는 사실만으로 교전자격이 인정되는 데 반해, 비정규군의 경우에는 일정한 요건을 갖출 것을 조건으로 교전자격이 인정되었다. 대한제국의 군대는 안중근 사건이 발생하기 약 2년 전인 1907년 8월에 일본에 의하여 강제해산된 상태였다. 그러므로 안중근 사건 당시에는 의병만이 존재하였다. 그렇다면

---

51 이에 대해서는 柳炳華 · 朴魯馨 · 朴基甲, 앞의 책, 86면 참조.

52 비정규군은 흔히 '게릴라guerrillas'라고 부르기도 한다. 게릴라의 국제법적 지위에 대하여 자세한 것은, 金明基, 〈國際法上 게릴라전의 합법성에 관한 연구〉, 《육사論文集》 제6집(1968. 12.), 육군사관학교, 159면 이하 참조.

문제는, 한말 의병이 1907년 헤이그협약에서 말하는 비정규군에 포함될 수 있는가 하는 것이다. 헤이그협약에서 채택된 육전규칙에 따르면, 비정규군에는 민병民兵, militia과 의용병義勇兵, volonteer이 있는데, 이러한 비정규군은 다음과 같은 요건을 갖추는 것을 조건으로 교전자격이 인정되었다(1907년 헤이그협약 육전규칙 제1조): ① 부하의 행동에 대하여 책임을 질 수 있는 자의 지휘 아래에 있을 것; ② 멀리서도 식별 가능한 식별 표지를 가지고 있을 것; ③ 공개적으로 무기를 휴대할 것; ④ 전쟁법규에 따라 작전을 수행할 것. 한편, 1907년 헤이그협약은 군민병群民兵, ass uprising 또는 levée en masse[53]에 대해서도, 공개적으로 무기를 휴대할 것과 전쟁법규에 따라 작전을 수행할 것을 조건으로 교전자격을 인정하였다(1907년 헤이그협약 육전규칙 제2조). 안중근 사건 당시 의병전쟁의 주체인 의병은 비록 정규군은 아니지만 비정규군으로서 국제법상 교전자격을 인정받기에 충분한 조건을 구비하고 있었다. 의병의 교전자격 요건과 관련하여 특기할 만한 것을 몇 가지 들어 보기로 한다. 첫째, 의병은 엄격한 위계에 따라 정밀한 군 조직을 구

---

53 '群民兵'이란 적의 침입이 예상되는 긴박한 상황에서 의용병단을 조직할 여유도 없이 급속하게 무기를 잡고 침입자에 대항하는 민중을 말한다.

비하고 있었음은 주지의 사실이다. 특히 1907년 군대 해산 이후부터는 의병 조직이 고도로 조직화·대규모화하였다. 그 대표적인 사례로 '관동창의대', '13도창의대'와 같은 연합부대를 들 수 있다.[54] 둘째, 1907년 12월 13도창의대가 서울 진격작전을 실행하기 전에 각국의 영사관에 의병을 교전 단체로 승인해 줄 것[55]을 요구하는 것과 같이 국제법적 안목을 가지고 교전에 임했다. 안중근은 1908년 김두성金斗星을 총독, 이범윤李範允을 대장으로 한 의병부대에서 '참모중장'이라는 직책으로 활동하였다. 한말 의병의 국제법적 지위와 안중근의 소속에 비추어 볼 때, 안중근 사건 당시 안중근은 국제법상의 교전자격을 보유하고 있었다고 보아야 한다.

18 또한, 일본군과 전투를 함에 있어서 안중근은 국제규범에 대한 인식을 잃지 않았었다는 점에 유의할 필요가 있다. 그 경과는 이러하다. 1908년 6월 300명의 의병을 지휘[56]하여 두만강을 건너 경흥으로 진격하고 회령까지 진출하여 일본군과 전투를 벌였으나 병력 규모상의 극심한 차이를 극복하지 못하고 패퇴한다.[57] 그 과정에서 포로로 잡은 일본

54 이에 대해서는 조동걸, 앞의 책, 125면 이하 참조.

55 조동걸, 앞의 책, 126면 참조.

56 당시 안중근의 소속과 직책은 '聯合大韓義軍'의 참모중장이었다.

군을 방면해 주었는데, 그 이유에 대하여 그는 다음과 같이 적고 있다[58]: "현재 만국공법에 사로잡은 적병을 죽이는 법은 전혀 없다. 어디다가 가두어 두었다가 뒷날 배상을 받고 돌려보내 주는 것이다." 이와 같이 안중근은 자신이 전쟁을 하고 있다는 사실을 인식하고 있었을 뿐만 아니라 전쟁법규에 대한 법적 확신을 가지고 있었다. 단순한 관습이 법원으로서의 관습법이 되기 위한 핵심 요소인 '법적 확신'을 엿볼 수 있는 대목이다.

요컨대, 안중근이 교전자격자인가에 대한 판단에 있어서는 1907년의 헤이그협약의 관계 규정의 내용이 거의 그대로 타당하며, 이에 의해 판단해 볼 때 안중근은 교전자격자이다.

57 羅明淳 · 曺圭石 외, 앞의 책, 42-43면 참조.

58 安重根 著, 安重根義士紀念館 譯, 앞의 책, 75면.

Ⅳ. 이야기를 닫으며

19 안중근 사건에 대하여 법원은 일본 형법 제119조(살인죄)를 적용했으나 이 사건은 그 성질상 단순한 형사사건으로 단정할 수 없다. 사건 당시 한국과 일본은 전쟁 상태에 있었고 당사자인 안중근과 이토 히로부미 두 사람은 모두 국제법상의 교전자격자로 해석할 수 있기 때문이다. 그렇다면 이 사건에 적용될 법은 형법이 아니라 국제법이었다. 사정이 이러하다면 안중근 재판은 중요한 국제법 위반 사례에 해당하며, 일본인도 안중근을 '테러리스트', '살인자', '흉한' 또는 '악인' 등으로 일컬을 수 없을 것이다. 한편, 안중근 사건을 단순한 형사사건으로 본다 하더라도 법원의 판단에는 오류가 발견된다. 안중근에게 적용할 법은 일본 법이 아닌 한국 법이어야 했기 때문이다.

안중근에 대한 선고공판(1910년 2월 14일)이 있기 직전인

1910년 2월 12일의 공판에서 안중근이 다음과 같은 최후진술을 한다.[59]

> 변호인의 말에 의하면, 광무 3년에 체결된 조약에 의해 한국민은 청국 내에서 치외법권을 가지니 본 건은 한국의 형법대전에 의해 다스려져야 할 것이며, 한국 형법에 의하면 처벌할 규정이 없다고 했는데, 이는 부당하며 어리석은 논리라고 생각한다. 오늘날 인간은 모두 법에 따라 생활하고 있는데, 현실적으로 사람을 죽인 자가 벌을 받지 않고 살아남을 도리는 없는 것이다. 그렇다면 나는 어떤 법에 의해 처벌되어야 하는가의 문제가 남아 있는데, 이에 대해 나는 한국의 의병이며 지금은 적군의 포로가 되어 있으니 당연히 만국공법에 의해 처리되어야 할 것이라고 생각한다.

1910년 3월 26일 사형이 집행되기 직전에 안중근은 자신의 공판정 안내에 경호를 맡았던 일본군 헌병 지바 도시치에게 '爲國獻身軍人本分위국헌신군인본분'이라는 글씨를 선사한다. 이와 같은 행동은 자신의 행위에 대한 신념을 반영하고 있다. 즉 그에게 있어서 이토 히로부미 사살은 의병전쟁의 일환으로 국제법상 전쟁 상태에서 교전 중에 발생한 일이었다. 그런

59 李起雄 편역, 앞의 책, 342면.

데 제국주의와 군국주의의 세계적 분위기에 편승하여 한국을 합병하기 위하여 차근차근 수순을 밟아 가던 당시의 일본 법원에 그러한 판단을 기대하는 것은 매우 어려운 일이었다. 실제로 안중근은 법 이전에 존재하는 이러한 현실적 장벽을 충분히 인식하고 있었다.

20 여기에서 "안중근 사건에 대한 재판이 잘못되었으니 다시 재판을 하라!"라고 말하고 싶지는 않다. 중요한 문제는 안중근 사건을 어떻게 평가하는 것이 한국과 일본이 과거의 역사를 바로 정리하고 발전적 미래로 갈 수 있는 길인가 하는 것이다.

1910년 3월 26일 안중근에 대한 사형이 집행되었다. 형장에서 구리하라 감옥서장이 말했다.

> 금년 2월 24일, 관동도독부 법원에서 언도된 판결이 확정되었으므로 명령에 따라 사형을 집행하기로 한다. 마지막으로 무언가 남길 말은 없는가?[60]

통역관이 이 말을 통역하자 안중근은 조용히 대답했다.

---

60 사키 류조 지음, 이성범 옮김, 앞의 책, 281면 참조.

> 나의 행위는 동양 평화를 위함이었다. 한·일 양 국민이 서로 일치 협력하여 평화를 꾀하기를 바란다. 역시 마지막으로 교수대에서 동양 평화를 위하여 기도하고 싶다.[61]

안중근에게 일본 형법상의 살인죄를 적용한 1910년 2월 14일의 판결과 같은 법해석이 전혀 불가능한 것은 아니다. 그리고 안중근의 최후진술대로 안중근 사건을 한국과 일본 사이의 교전 중에 발생한 사건으로 해석하는 것은 안중근과 대한민국에 가장 유리한 방향이다. 그러나 이러한 결론은 민족주의적 입장을 고집한 결과가 아니라는 점을 말하고 싶다. 한·일 사이에 존재하는 역사발전의 장애를 극복할 수 있기 위해서는 안중근 사건에 대하여 한·일 양국이 같은 시각을 가질 필요가 있다는 점에 유의하고자 한다. 양국이 동일한 시각을 가지고자 한다면 그것은 이 사건을 각자의 민족주의적 감정을 떠나 좀 더 객관적 입장에서 국제법상의 전쟁 행위로 보는 방향일 것이다.

일본의 고이즈미 전 총리는 2004년 3월 자신의 야스쿠니 신사 참배에 대하여 한국 등 주변 국가로부터 비판이 일어나자 "한 나라의 영웅은 대개 다른 나라의 악당이다"라고 응수했

61 사키 류조 지음, 이성범 옮김, 앞의 책, 281면 참조.

다. 과연 그럴까? 만약 그러하다면 역사의 객관성은 어떻게 확보할 수 있을까? 감정적 내지 대립적 역사인식은 한·일간의 우호적 미래에 대한 걸림돌일 뿐이다. 한국은 안중근을 영웅으로, 일본은 테러리스트로 인식하는 한 한·일 간의 진정한 화해는 영원히 불가능할지도 모른다. 객관적이고 이성적인 역사 인식만이 발전적 미래를 기약할 수 있다. 일본인이 안중근을 한국의 군인으로 대할 수 있다면 이는 한·일 간에 중요한 화해의 단서가 될 수 있을 것이다. 그리고 두 나라 사이의 진정한 화해는 아시아, 더 나아가 세계 평화의 빛이 될 것을 믿는다.

부록 – 관련 조약 및 각서

Ⅰ. 한청통상조약(1899. 9. 11.)

Ⅱ. 을사조약(1905. 11. 18.)

Ⅲ. 정미조약(1907. 7. 20.)

Ⅳ. 기유각서(1909. 7. 12.)

Ⅴ. 한일병합조약(1910. 8. 22.)

I. 한청통상조약(1899. 9. 11.)[62]

전 문 대한국과 대청국은 우호를 돈독히 하고 피차 인민을 돌보기를 절실히 원한다. 그러므로 대한국 대황제의 특파전권대신 종2품 의정부찬정 외부대신 박제순과 대청국 대황제의 특파전권대신 2품 함태복시경 서수펑은 각각 받들고 온 전권 위임의 증빙 문건을 상호 교열하니 모두 타당하므로 통상 약관을 다음과 같이 맺는다.

제1관 앞으로 대한국과 대청국은 영원히 우호를 다지며 양국 상인과 인민이 거류하는 경우 모두 온전히 보호와 우대의 이익을 얻는다. 상대국이 공평치 못하게 경멸을 당하는 일이 있을 경우에 통지하면 서로 도와야 하며 중간에서 잘 조치해 두터운 우의를 보인다.

---

62 모두 15개의 관으로 구성된 이 조약은 한국과 청국의 대등한 관계를 명시한 평등조약으로서 양국의 우호관계 확립과 외교관 교환, 관세자주권, 쌍무적 영사재판권 등을 규정하고 있다. 번역은 최덕수 외, 앞의 책, 354면 이하에 의함.

제2관 이번에 통상 우호조약을 맺은 뒤로부터 양국은 서로 병권대신秉權大臣을 파견하여 피차 수도에 주재시키고 아울러 통상 항구에 영사 등의 관원을 설립하는 데 모두 편의를 봐줄 수 있다. 이러한 관원이 본 지방 관원과 교섭 왕래할 때에는 모두 품급에 상당하는 예로 대한다. 양국의 병권대신과 영사 등 관원은 각종 특전을 향유하며 피차 서로 최혜국 관원과 다름이 없이 대우한다. 영사관은 주재국의 비준 문빙文憑을 가지고 와야만 일을 볼 수 있다. 영사관 인원의 왕래 및 특별 문서 송달 등의 일을 제한하여 지체시킬 수 없다. 다만 파견하는 영사 등 관원은 정식 관원이어야 하며, 상인에게 겸임시킬 수 없고, 무역을 겸해서 할 수도 없다. 각 항구에 아직 영사관을 두지 못해 혹 다른 나라 영사에게 대신 겸하게 하는 경우에도 상인에게 겸임시킬 수 없다. 양국이 파견한 영사관이 일의 처리를 잘못하는 경우에는 수도에 주재하는 공사에게 통지해 소환하고 교체할 수 있다.

…〔중략〕…

제5관 1. 재한국 중국 인민이 범법한 일이 있을 경우에는 중국 영사관이 중국의 법률에 따라 심판 처리하며, 재중국 한국 인민이 범법한 일이 있을 때에는 한국 영사관이 한국의 법률에 따라 심판 처리한다. 재중국 한국 인민의 생명과 재산이 중국 인민에 의해 손상당했을 때에는 중국 관청에서 중국 법률에 따라 심판 처리하며, 재한국 중국 인민의 생명과 재산이 한국 사람에 의해 손상당했을 때에는 한국 관청에서 한국 법률에 따라 심판 처리한다. 양국 인민이 소송에 관련되었을 경우, 해당 안건은 피고 소속국 관원이 본국의 법률에 따라 심사 판결해야 하며, 원고 소속국에서는 관원을 파견해 심리를 들을 수 있으며 승심관承審官은 예로 대해야 한다. 청심관聽審官이 증인을 소환해 심문할 때에는 역시 그 편의를 들어주어야 한다. 승심관의 판결이 공정치 못하다고 여길 때에는 상세히 반박 변론하도록 한다.

2. 양국 인민이 혹 본국의 금률禁律을 범하고 사사로이 상대국 상인의 창고 및 배에 도망친 자가 있을 때에는 지방관이 영사관에게 통지하는 한편 관리를 파견해 합동대책을 세워 체포하고 본국의 관청에서 처벌하도록 하며, 숨기거나 비호할 수 없다.

3. 양국 인민이 혹 본국의 금률을 범하고 사사로이 상대국 지방으로 도망친 자가 있을 때에는 본국 관원이 통지하는 경우 즉시 조사해 본국으로 압송 처벌하도록 하며 숨기기나 비호할 수 없다.

4. 이후 양국 정부에서 법률 및 심리 방법을 개정해 현재 따르기 어려운 점을 모두 혁파했다고 인정할 때에는

즉시 양국 관원이 상대국에서 자국 인민을 심리하는 권리를 철회할 수 있다.

…〔중략〕…

제15관 한중 양국은 본래 같은 글을 써 왔다. 이번에 체결한 조약 및 일후 공독公牘의 왕래에는 모두 중국 글을 사용해 간이하게 한다.

광무 3년 9월 11일

대한제국특명의약전권대신 종2품 의정부찬정 외부대신 박제순 (인)

광서 25년 8월 초7일

대청제국흠차의약전권대신 2품 함태복사경 서수펑 (인)

II. 을사조약(1905. 11. 18.)[63]

일본 정부와 한국 정부는 두 제국을 결합하는 공동의 이익을 공고히 하기 위해 한국이 실제로 부강해졌다고 인정할 수 있을 때까지 이 목적을 위해 아래에 열거한 조목들을 약속해 정한다.

제1조 일본국 정부는 도쿄에 있는 외무성을 통해 금후에 한국의 외국과의 관계 및 사무를 감독 지휘하며, 일본국의 외교 대표자와 영사는 외국에 재류하는 한국의 관리와 백성 및 그 이익을 보호한다.

제2조 일본국 정부는 한국과 다른 나라 사이에 현존하는 조약의 실행을 완전히 책임지며, 한국 정부는 이후 일본국 정부의 중개를 거치지 않고는 국제적 성격을 띤 어떤 조약이나 약속도 하지 않을 것을 약속한다.

제3조 일본국 정부는 그 대표자로 하여금 한국 황제 폐하의 아래에 1명의 통감統監을 두되, 통감은 전적으로 외교에 관

63 모두 5개의 조로 구성된 이 조약에 따라 대한제국은 외교권을 상실하여 일본의 보호국의 지위로 전락하였다. 번역은 최덕수 외, 앞의 책, 639면 이하에 의함.

한 사항을 관리하기 위해 서울에 주재하며 직접 한국 황제 폐하를 만나 볼 수 있는 권리를 가진다.

일본국 정부는 또한 한국의 각 개항장 및 기타 일본국 정부가 필요하다고 인정하는 곳에 이사관理事官을 둘 권리를 가지되, 이사관은 통감의 지휘 아래 종래 재한국在韓國 일본 영사에게 속하던 일체의 직권을 행사하며, 아울러 본 협약의 조항을 완전히 실행하는 데 필요한 일체의 사무를 맡아서 처리할 것이다.

제4조 일본국과 한국 사이에 현존하는 조약과 약속은 본 협약의 조항에 저촉되는 것을 제외하고는 모두 그 효력이 계속되는 것으로 한다.

제5조 일본국 정부는 한국 황실의 안녕과 존엄을 유지할 것을 보증한다.

이상의 증거로 아래의 사람들은 각기 본국 정부에서 해당한 위임을 받아 본 협약에 이름을 적고 도장을 찍는다.

광무 9년 11월 17일

외부대신 박제순 (인)

메이지 38년 11월 17일

특명전권공사 하야시 곤스케 (인)

III. 정미조약(1907. 7. 20.)[64]

일본국 정부와 한국 정부는 속히 한국의 부강을 도모하고 한국민의 행복을 증진하고자 하는 목적으로 다음의 조항을 약속해 정한다.

제1조 한국 정부는 시정 개선에 관해 통감의 지도를 받을 것.

제2조 한국 정부의 법령 제정 및 중요한 행정상의 처분은 마라 통감의 승인을 거칠 것.

제3조 한국의 사법 사무는 보통 행정 사무와 이를 구별할 것.

제4조 한국 고등 관리의 임면은 통감의 동의에 의해 이를 집행할 것.

---

64 헤이그 득사사건(1907)을 계기로 고종을 강제 퇴위시킨 일본이 대한제국 병합 작업을 본격화하기 위해 체결한 7개의 조로 구성된 조약으로서 이에 따라 법령제정권, 관리임명권, 행정권 등이 일본으로 넘어갔다. 번역은 최덕수 외, 앞의 책, 673면 이하에 의함.

제5조 한국 정부는 통감이 추천하는 일본인을 한국 관리에 임명할 것.

제6조 한국 정부는 통감의 동의 없이 외국인을 용빙하지 말 것.

제7조 메이지 37년(1904) 8월 22일 조인한 일한협약 제1항을 폐지할 것.

이상의 증거로 아래 이름의 사람들은 각기 본국 정부에서 상당한 위임을 받아 본 협약에 이름을 적고 도장을 찍는다.

광무 11년 7월 24일

내각 총리대신 이완용 (인)

메이지 40년 7월 24일

통감 후작 이토 히로부미 (인)

IV. 기유각서(1909. 7. 12.)[65]

한국 정부와 일본 정부는 한국 사법 및 감옥 사무를 개선하고 한국 신민과 아울러 외국 신민과 인민의 생명 재산 보호를 확실케 할 목적과 한국 재정의 기초를 공공케 할 목적으로써 다음의 조항을 약정함.

제1조 한국의 사법 및 감옥 사무를 완비할 때까지는 한국 정부는 사법 및 감옥 사무를 일본 정부에게 위탁함.

제2조 일본국 정부는 일정한 자격을 가진 일본인 및 한국인을 재한국 일본 재판소 및 감옥의 관리로 임용함.

제3조 재한국 일본 재판소는 협약 또는 법령에 특별한 규정이 있는 것 이외에 한국 신민에 대해서는 한국 법규를 적용함.

---

65 1907년 정미조약의 세부 사항을 시행하기 위해 조인된 5개의 조로 구성된 각서로서 한국의 사법권과 감옥 사무를 일본에 위탁하는 내용 등을 담고 있다. 번역은 최덕수 외, 앞의 책, 705면 이하에 의함.

제4조 한국 지방 관청과 공리公吏는 그 직무에 맞추어 사법 및 감옥의 사무에 대해 재한국 일본 해당 관청의 지휘명령을 받거나 이를 보조함.

제5조 일본 정부는 한국의 사법 및 감옥에 관한 일체의 경비를 부담함.

이상의 내용을 각기 본국 정부의 위임을 받아 한·일문 각서를 각각 두 통씩 작성해 이를 교환하고 후일의 증거로 하기 위해 이름을 쓰고 조인한다.

융희 3년 7월 12일

내각 총리대신 이완용 (인)

메이지 42년 7월 12일

통감 자작 소네 이라스케 (인)

V. 한일병합조약(1910. 8. 22.)[66]

일본국 황제 폐하와 한국 황제 폐하는 두 나라 간의 특수하고 친밀한 관계를 고려해 상호의 행복을 증진하며 동양의 평화를 영구히 확보하기 위해서는 이 목적을 달성하기 위해 한국을 일본 제국에 병합하는 방법 밖에 없다고 확신해 이에 두 나라 사이에 병합조약을 체결하기로 결정하니 이를 위해 일본국 황제 폐하는 통감 자작 데라우치를 한국 황제 폐하는 내각 총리대신 이완용을 각기 전권위원으로 임명함에 아래의 전권위원은 회동 협의해 다음과 같은 제 조항을 협의해 정했다.

제1조 한국 황제 폐하는 한국 전부에 관한 일체의 통치권을 완전하고 영구히 일본국 황제 폐하에게 양여한다.

---

66 전문과 8개의 조로 구성된 이 조약에 따라 대한제국은 국권을 상실하고 일본의 식민지가 되었다. 번역은 최덕수 외, 앞의 책, 735면 이하에 의함.

제2조 일본국 황제 폐하는 앞 조항에 열거한 양여를 수락하고 한국을 완전히 일본 제국에 병합함을 승낙한다.

제3조 일본국 황제 폐하는 한국 황제 폐하, 태황제 폐하, 황태자 전하, 그 황후, 왕비, 후예로 하여금 각기 지위에 따라 상당한 존칭, 위엄과 명예를 향유하게 하고, 이를 유지하기 위한 충분한 세비를 공급할 것을 약속한다.

제4조 일본국 황제 폐하는 앞의 조항 이외에 한국 황족과 그 후예에 대해 각기 상당한 명예와 대우를 향유하게 하며 이를 유지하는 데 필요한 자금을 공여할 것을 약속한다.

제5조 일본국 황제 폐하는 훈공이 있는 한국인으로서 특히 표창을 하는 것이 적당하다고 인정되는 자에 대해 영작榮爵을 수여하고 또 은금恩金을 준다.

제6조 일본국 정부는 앞의 병합의 결과로서 완전히 한국의 시정施政을 담임하고 그곳에서 시행하는 법규를 준수하는 한국인의 신체와 재산에 대해 충분한 보호를 하며 또 그들의 복리의 증진을 도모한다.

제7조 일본국 정부는 성의 있고 충실하게 신제도를 존중하는 한국인으로 상당한 자격이 있는 자를 사정이 허락하는

범위에서 한국의 제국 관리로 등용한다.

제8조 본 조약은 일본국 황제 폐하와 한국 황제 폐하의 재가를 받은 것으로 공포일로부터 이를 시행한다.

위의 증거로서 두 전권위원은 본 조약에 이름을 적고 도장을 찍는다.

융희 4년 8월 22일

내각 총리대신 이완용 (인)

메이지 43년 8월 22일

통감 자작 데라우치 마사다케 (인)

로두스 · 02

법의 눈으로 안중근 재판 다시 보기

초판발행 2010년 8월 13일
초판 2쇄 2015년 9월 7일
지은이 명순구
그림 오은혜
펴낸곳 고려대학교출판부
www.kupress.com
kupress@korea.ac.kr
136-701 서울특별시 성북구 안암동
02-3290-4230, 4232
Fax 923-6311
찍은곳 한국컴퓨터인쇄정보

ISBN 978-89-7641-731-2 94360
ISBN 978-89-7641-730-5 (세트)
값 8,000원
* 잘못 만들어진 책은 바꿔드립니다.